天门山文化系列丛书

释普融 主编

伏羲报恩寺東嶽廟志略

张梓林 编著

中国文史出版社

图书在版编目（CIP）数据

伏羌报恩寺东岳庙志略 / 张梓林编著 . -- 北京 :
中国文史出版社 , 2024.4
（天门山文化系列丛书 / 释普融主编）
ISBN 978-7-5205-4653-9

Ⅰ . ①伏… Ⅱ . ①张… Ⅲ . ①寺庙—介绍—甘谷县
Ⅳ . ① K928.75

中国国家版本馆 CIP 数据核字 (2024) 第 078562 号

责任编辑：李晓薇

出版发行：中国文史出版社
社　　址：北京市海淀区西八里庄路 69 号　邮编 :100142
电　　话：010-81136606　81136602　81136603（发行部）
传　　真：010-81136655
印　　装：陕西隆昌印刷有限公司
制　　版：天水瑛博文化传媒有限公司
经　　销：全国新华书店
开　　本：787mm × 1092mm　1 / 16
印　　张：18.25
字　　数：220 千字
印　　数：1—2000 册
版　　次：2024 年 12 月北京第 1 版
印　　次：2024 年 12 月第 1 次印刷
定　　价：117.00 元

序一

◎范三畏

癸卯初冬，张梓林君以将刊本《伏羌报恩寺东岳庙志略》书稿邮寄来兰，而求一序。余于佛道二教皆不甚了了，好在书首已有张氏“前言”，介绍修志缘起及全志梗概，遂因其思路顺抒感触一二，非敢云序，只聊述读后之感而已。

伏羌，甘肃甘谷县之旧称。报恩寺者，县城北街之古寺；东岳庙，县城南郊天门山之古庙也。

夫今县既名甘谷，缘何志仍古贯伏羌？此因寺与庙均建于古伏羌时代。然寺属佛教，庙则属道教，何以今志统编于一？不知此乃鼎革初年，与政府措施有关，《志略·大事记》“1950 庚寅年十月，北街报恩寺僧众十一人迁居天门山东岳庙”云。

或问：伏羌、甘谷，旧新县志种种，全可尽览，小小一寺一庙，修志有无必要？余思而对曰：盛世修志，自古即然。志亦史地之类，赖以备考地方历史种种渊源流变。志云者，有全志，亦当有专志。报恩寺为昔日县内“最大的佛寺古刹”（《甘谷大佛》141 页），而且历史悠久，至今未有专志，岂非一大遗憾！

“报恩”之意云何？佛经有“报四恩”（父母恩、众生恩、国土恩、三宝恩）之说，当为寺名所本。

据今存原报恩寺一株古槐树龄估算，明万历十一年癸未（1583 年）《伏羌县重修报恩寺记》碑文所言“报恩寺，宋嘉祐八年建”当有所据，去事实不远。

远古难稽，宋元往矣。所知者，明万历间，职掌全县宗教事务之“僧会司”，亦附设于报恩寺内。

据前述“寺记”，僧会司职掌“邑所属寺观”，有廿九处，处各有僧田若干亩（段）。尽管因碑文年久漶漫，其中脱落寺观名二、田亩数一，毕竟为考稽古代宗教寺观占有全邑田土比例，提供有难得史料。

若就碑文，对照明清以来方志所载，及今日尚存县内寺宇，其在明万历十一年癸未（1583 年）已有者一目了然。至碑文未载者，除却北山一带有地当时未属本邑不计外，皆当属晚后所建。唯是寺名于今仍无着落者最堪研究，县人张驰先生对此已有考释（详本《志》卷八），今再拈出一二，以为补充参考（涉及张文，以引号标识）。

“永福寺、耳乐寺，志不载。”畏按：或云永福寺，址今渭北刘家街子村。

“潘家寺，志不载。”待考。

“遇普寺、姑嫂寺，志不载。”张云：“姑嫂寺，在县西北八十里礼辛镇寨子村。”畏按：以“姑嫂”名寺颇奇，疑与“露筋祠”传说有关（清初诗人王士祯有《再过露筋祠》七绝一首颇著名）。

“海潭寺弥陀院，志不载。”张云：“此海潭寺或为（县）志中所言黑潭寺。”畏按：至确。释本逢《甘谷大佛》第 204 页有黑潭寺大雄宝殿彩摄并注：“供奉释迦、弥陀、药师三方佛。”据此可知明万历时该寺为弥陀院供殿，之后或扩建为大雄宝殿，而供三佛矣。

“甘泉寺、享泉寺、秋沟寺，志不载。”畏按：甘泉寺，当即甘霖寺，在白家湾乡马家河沟村，有湫池，自古著名之天旱祈雨处，故建寺颇早。秋沟寺，位于今四十里铺以南。

“观音殿，志不载。”畏按：当即观音寺。大约初期仅有供殿，万历时尚然，碑文故云。

“……寺地。……地。”二处张文未及，亦不计于寺名总数之内。然既有“寺”字，前当有寺名；以上例下，后一“地”字之前，亦当有某某寺名。今余依旧县志臆断，二寺名中其必有一为“木梅寺”，叶《志》“山川总图”有木梅寺，其卷三“寺观”载“木梅寺，西北十五里，宋咸淳年建”。

除却上述佛教寺院共二十八处

外,又道教庙观仅一处为见龙山东岳庙,稍觉疑怪:翻阅旧志如叶《志》“寺观”二十四处,寺名十五而庙(宫)其九,并不悬殊若此;至于叶《志》无“见龙山东岳庙”与碑志竟无“天门山东岳庙”之各取所需,亦殊启人疑窦!

然当读《寺记》碑文至碑阴所记五部人名,其末二部中“同助缘”四十三人,经查《寺志》卷四“报恩寺法系渊源(部分僧众名录)”,此四十三名全系僧人;《寺记》碑文人名最末部“僧会司署记僧”:“刘清谅,僧智端、义钊、正大,玄门李教忠。”此五人中,前四名皆僧人(名亦见于前“僧众名录”),唯末一名为道士——至此则疑窦全释:碑文所谓“邑所属寺观”乃仅就其各占有田亩数而列名,道观虽有数处而几无田亩(两教收入来源不同),故仅列有田亩之见龙山庙名及其有田三十亩数。查县《志》“官师志”中只有“僧会司”不设“道会司”,只有“司农司”不设“司工司”,其理或相仿佛!

因管理宗教事务暨田产之僧会司一直设于报恩寺,故伏邑民间历来称其寺为“官寺”。

见龙山东岳庙,在废永宁县城[宋徽宗崇宁三年(1104年)建,今西四十铺]东侧。按凡县城几皆有东岳庙,且皆位于县城之东,缘何伏羌县城之东岳庙,却在县城正南天门山顶端?

余于此后一疑惑,多年后终于稽考明白:自汉及唐,从汉冀县至唐伏羌,名虽更而城则一也。其址本在今五里铺西往十里铺间。故其县城之东岳庙,自古即在县东偏南之天门山顶,且庙门西向。嗣后北宋,伏羌县初废又立,乃筑新址,城址乃从南屏天马山下东移至新南屏天门山麓——此疑遂释。

大像、天门二山,邻近并称;报恩、永明二寺,东西齐名。千数百年,历经劫难而至今复兴。近代一段,西学昌明而传统衰微,蔡元培先生曾主张“以美育代宗教”,然就百年来历史观之,以我县现实验之,或不尽然。大像山、天门山虽昔日破坏凋零,今皆庙貌一新,或扩增公园,或新建梅、杏、牡丹诸园;或拓展改造登山阶梯,或新辟铺设攀山公路,唯是其中心,则在在围绕名胜古迹、千年庙貌而挥洒、而铺展焉!

仅就天门山暨寺庙而言，自报恩寺僧众之由城迁山也，从昔日之方丈本继法师艰苦卓绝，以至于孤守空寺，不避毁庙露宿，却年年感引僧俗披荆斩棘，开荒植树，积功数十年，终使荒山披绿，香火未熄；至改开后部门、团体及民众之不断拓荒植松，使今日之天门山环境焕然一新！近年以来，普融法师主持庙务，又继往开来，踵事增华，率僧俗民众，内则重修殿宇，外则辟园亭而开景台，合天然人文美景为一，与大像山风光真有彼此映衬之美！

思绪至此，余因慨然而叹：科学、神学与艺术学，所谓真善美之三端，共扶则相济，除桂则伤兰。吾愿与我县士民以此共勉焉！

文末，转引宜士先生《童年求学》一文中之一段回忆：

“当时正逢战乱时期，所有学校都由部队占去使用。那时我们念书，都是在庙里。念了一个礼拜，老师就会吩咐：下个礼拜改在老师家里。今天在甲庙，明天在乙庙，有时在老师家，东移西迁，没有固定的场所。所以家乡附近几个大庙，我都很熟。当时读书之所以选庙，主要是在战乱中，飞机可能不轰炸有神像的大庙——得罪神明是很不应该的行为——所以有神有庙的地方，最为安全！”（《人文世界》1998年三卷三期第37页）

再旧作中往事一段，以为结束：

“联想起当年初到兰州工作，曾路过费家营一个（临时）旧书摊，竟然发现了一册杂志，是当年几位赴台湾的甘谷老兵编辑的，意在怀念家乡。翻了翻，里边有一篇回忆县城东禅院（今按，即北街报恩寺）的文章，记得还有照片，这令我激动不已。可惜当时所带钱不够，等我取来钱，却发现旧书摊已不知去向。至今想起，仍十分惋惜……”（《甘谷历史文化大观·序二》）

忽文忽白，读者谅之！

写作过程中，牛效宏君提供了一条线索；姚昌、杨宏凯二君曾陪余远赴山寺考察，在此一并致谢！

以上东鳞西爪，未免琐碎，难惬读者之意，不过抛砖引玉，所盼高明同乡辈理解言语背后之苦心，赐予指教云尔！是为序。

癸卯腊八于甘谷居所

甲辰春分后一日再次改定

序二

◎漆子扬

和梓林、效琦等诸君相识于甘谷王权学术研究会已经十年多了，友谊之所以能保持长久，而且始终新鲜纯粹，最主要的原因在于我们拥有相同的世界观、价值观，也就是对现象予以批判的人类共知。和当下许多以利益立场评判现象、事件、言论，良知昏厥的投机主义者不同，我们一以贯之站在是非观念的角度，分辨文明与野蛮的行为和主张及其言论。这归因于我们有一个共同的癖好，就是大量阅读品鉴学人著作，挖掘其中的思想精髓，并能摈弃情感梦幻的控制予以思考，因此也就具有自我否定、自我反省的独立意识。之所以我们大家能够团结一心，共同谋划王权研究会和开展地方文化的研究，完全在于以相同的情趣、相同的追求作为联络的稳固纽带。

梓林是北宋理学开山祖师之一张横渠先生的后裔。横渠先生尽管在世有五十八个春秋，今天看来人生何其短促。但先生“为天地立心，为生民立命，为往圣继绝学，为万世开太平”的横渠四句穿越历史时空，传诵千年而不衰。他绝非常人眼中的理学家，从不空谈学问，而是注重道济天下，经世致用，笃行践履，利济众生。他特别反感秦汉以来的统治者披着儒家外衣，推行法家高度集权的君主专制制度，他在《送苏修撰赴阙》诗中说“秦弊于今未肩息，高萧从此法相延”。继往圣之学，反对君主专制，梓林和先祖可谓一脉相承。

在我最初印象中，梓林温文尔雅，让人误以为是教书的白面书生或文化官员。他善吟咏，善制联，尤善朗诵经典文学作品，富有极强的艺术感染力和人格魅力。熟悉后才知道他是一位公务员。按时上班是他安命的依托，诗词创作是他立言的追求，而研究文史才是他立身的理想。梓林喜欢读书，潜心地方文史研究，在学术领域、诗词楹联创作方面都取得了丰硕成果，其作品曾荣获省内外各类别一等奖、优秀奖数十项。2023 年被甘肃省委宣传部、甘肃省文旅厅授予全省“阅读之星”称号。著有《双扇堂诗集》《双扇堂联集》《双扇堂文集》，曾发表上百篇文史研究的论文论札。

《伏羌报恩寺东岳庙志略》是梓林去年集中精力编著的一部地方文献专书。我们多次相约去报恩寺、天门山游览考察，由于我去年忙于国家社科基金项目《陇右文学编年史》结项和山东大学的课题《右台仙馆笔记校注》结项，还有省委宣传部社科基金重点项目《甘肃历史文化名人研究系列》中期考核，始终未能成行，只能通过电话了解报恩寺珍藏的近三十部明清及民国写本、刻本佛经。这批文献具有极高的文物价值、文献价值和书法审美价值。梓林表示他受天门山普融法师委托准备整理出版。今天终于看到了梓林传来的初稿。这是一部关于报恩寺珍藏的佛教古籍文献、造像、金石、诗词、匾联、题词、人物，以及研究东岳庙壁画、辞、序、颂、诗词、匾联、题词、记、考论的成果汇编。最有价值的是每部经书的提要，对后人阅读研究这批文献都具有一定的导读意义，应该予以肯定。

说起来我和甘谷结缘已经三十年了。1994 年首届丝绸之路国际艺术节期间，甘谷县政协在兰州举办甘谷县书画展，其间认识了潘志强主席。潘主席 20 世纪 50 年代在武山工作，他一听包海珍县长是我外爷，惊讶之余，给我讲述了很多赞扬外爷的故事。因为潘主席对甘谷地方文化，尤其对王权学术研究会的工作比较支持，我们一直保持着良好的关系。

后来县政协李宏基主席主编刊印《甘谷古今名人书画》，序言是我发表在《甘肃日报》（1994 年 9 月 24 日）的《伏羲生于今甘谷考》，虽然没有署名，但我还是感到十分欣慰，毕竟那时候我刚刚步入学界，是个初出茅庐的毛头小伙，文章能得到县上专书的引用，感到极为自豪。1998年，甘肃省文史馆正式出版《甘肃历代名人书画传》，其中《王权传》是我写的。由于这两件事，甘谷文化界的朋友对我赞赏有加，非常友好，坊间多有令辞，大像山麓《羲皇故里》碑阴也镌了我的真名。这更加激励了我热爱甘谷、热爱甘谷文化的淳朴情思。

2009年，省文史馆馆长刘醒初先生主编《陇上文藏》丛书，拟编选陇右文坛有一定成就的诗人别集，整理出版，委托《甘肃文史》编辑部主任尚建荣和我选定第一辑。我们初步拟定了十五位学者，其中《王权卷》由我负责整理。2011年正月，我去王权故里南坡寺寻访资料，得到甘谷县委温利平书记的支持，她委托文化馆馆长负责与我衔接，馆长找到王效琦校长做向导。之前我读过王老师的《王权评传》，可以说是一部研究王权的代表性论著。今天一见真容，惊喜之余，更多的是对王老师的敬佩。王校长是南坡寺人，王权后裔，此前我一无所知。因为王权的诗文以描写同治年间陕甘回变给普通百姓带来的深重灾难为表述主题，谈到王权，势必会谈到对几乎改变中国版图和西北人民命运的陕甘同治花门之变的认知和基本判断，我们居然有高度一致的评判理念。可以说同治花门之变对西北社会的危害不亚于“安史之乱”。“安史之乱”主要针对的是官府，同治陕甘民变屠杀的对象主要是老百姓。仅甘肃一省，十年之间人口就减少了九百三十万。

王老师曾当过兵，当过乡长，当过县委党校校长，但从不以高高在上的身份和语气表述他对历史现象的认识。很显然他读过不少有思想深度的经典，才形成了如此深刻的追求真理的精神意识，全然是一位具有独立思想的知识分子。从此，我们成为不需要心里设防的好朋友。当时我建议王老师组织甘谷朋友成立王权研究会，在场的人都积极表示赞同。

经过效琦、梓林、存录、伟红、建华、宏凯、王虎儿、王琪、毛根好、原田林、张旭瑞、王刚、张国栋等一批朋友悉心谋划，很快成立了王权学术研究会。大家推举我担任会长，说实话真有点惶恐，怕自己精力能力有限，对不起诸位好友的期望。好在有王老师任常务副会长、梓林任秘书长倾力操持，研究会的工作风生水起，有声有色，得到甘谷县社会各界的认可和好评。辉煌的背后是研究会各位同仁同心同德、无私奉献所付出的汗水和艰辛。此后，我和梓林之间的往来更为密切。除了商讨学会的事务，更多集中在地方文化研究的话题。随着交往的进一步延伸，我不仅欣赏梓林的才学品貌，欣赏他传统士人的风骨，更钦佩他勤勉的治学精神。他生活工作在基层，在有限的人文空间和学术资源氛围中，创作撰写发表了数百篇（首）文学作品和学术论札，其中除了勤奋，还有对家乡文化的一份执着和热情。

自2004年我第一次给我父亲天水师范学校的同学萧作荣老师《五味史》一书作序以来，先后给王换成、王效琦、杜永胜等朋友和包海璋、康国祥等长辈二十四人的三十二部书写过序，其中王换成教授有六部著作都是我写的序，梓林的是第三十三部。梓林邀请我给他编著的《伏羌报恩寺东岳庙志略》专书作序，如同当年效琦兄长邀请我给他《莲花石张口石的传说》著作作序一样，其中包含着对我的信任，更重要的是包含着对研究会的一腔热忱。肥水不流外人田，他们希望把有限的出名机会留给王权研究会的同道，适时宣传研究会的学术力量和成果。有时坐在书桌前，倏忽间回想起研究会的朋友们在一起相聚的欢乐时光，那灿烂明丽的笑容、阳光般透亮的语言，总会潮湿心中对友谊的盈盈思慕。人活着就是一个见证的过程，一路遇到的风风雨雨、喜怒哀乐，一路经历的爱恨情仇、春耕秋收，都是人来到过世界的价值。

春节的脚步声渐行渐远，朱圉山的雪即将消融。金川河两岸将迎来又一年油菜花、桃花、苹果花盛开的季节。我们也跟随着季节的脚步，让希望点亮春天，经济早点复苏，家乡的兄弟们能找到打工养家的活计，也希望温暖充满人间，社会更加宽容。祝福梓林友，一切安好，春暖花开，面朝未来。

2024年3月8日夜于师大二澍堂

漆子杨：天水武山人，西北师范大学文学院教授、博士生导师、古籍所所长。

凡例

一、本书之编著以史料为依据，以史实为准绳，不作臆断，不作虚构，坚持独立的学术思想。

二、本书之编著以中国古代分卷之体例，不以现代章节体例，以性质之不同定不同之分卷。

三、本书古代帝号纪年、民国纪年皆与公元纪年相对照。

四、今甘谷县历史不过九十四年，甘谷县所在地历史数千年矣。甘谷县之名称为清代通渭县之别称。自唐高祖武德三年（620 年）至民国十八年（1929 年）今甘谷县以伏羌名者一千三百零九年，今甘谷县所存之古代县志皆名《伏羌县志》，为了不给研究历史者造成混乱，故研究今甘谷县唐至民国历史以伏羌言之最恰。邑报恩寺、东岳庙皆创建于邑名为伏羌之时，本书以研究历史文献为主，故书名《伏羌报恩寺东岳庙志略》。

五、本书对古代诗词、楹联、匾额之作者，对众所周知者作简要介绍，鲜为人知者作详细介绍。公开资料有谬误或不完善者，在对比各类版本后作考证介绍，以期为读者提供可资参考的资料。

六、本书古籍、造像、水陆画、壁画皆属珍贵文献文物，首次面世，以彰显邑报恩寺、东岳庙深厚的历史文化底蕴。

七、本书人物涉及宋元报恩寺者阙如，明代人物也不完整，所列皆史料可考者。涉及东岳庙者阙如。

八、报恩寺为一寺，东岳庙为一庙，一释一道，本当分别而论，缘何合而论之？因报恩寺被毁后僧众栖身于东岳庙至今，故卷一依次阐述报恩寺、东岳庙之历史沿革及布局，使其线索明了，脉络分明。

九、本书叙事由远及近，由大到小，由自然而人文。故依次为本邑概况，本寺、本庙概况。有人物方可做造像、古籍、水陆画、壁画、金石，亦方有艺文之创作，故依次为人物、造像、古籍、水陆画、壁画，金石、艺文。以时间为序，故依次为报恩寺、东岳庙，古代艺文、现代艺文。

十、为求精简，涉及邑报恩寺及东岳庙之古代、现代匾额及古代、现代楹联合写一卷。涉及邑报恩寺及东岳庙之古代诗词、现代诗词、当代碑记合写一卷。

十一、邑北街报恩寺已不复存在，邑天门山报恩寺及东岳庙除南北两殿外皆为新建，故本书以存史、资政、育人为主。

十二、现代匾额、诗词、楹联、文章以邑天门山东岳庙及东岳庙所在之天门山景观为主，涉及邑报恩寺之现代文章皆为历史考证。

十三、记、题辞、祝辞、序、颂、赞，本当单设分卷以彰显文献之珍稀，若一市与省平级，突显其重，别有所寄。然文献太少，故合写一卷。

十四、本书以史料立言，凡传说、故事，虚妄及荒诞不经者一概不入。

前言

张梓林

岁庚子，余携友登天门山，时普融法师即有编书之志，嘱余编撰邑报恩寺、东岳庙之志略。余浅薄粗陋，诚惶诚恐，然文化兴亡，匹夫有责，遂不揣浅陋，勉力而为之，至今已历三载矣。其间搜览方志、诗文集，田野调查、采访考证，终有是编问世。

余观夫明清、民国甘肃、伏羌诸志，寺观记载，皆是寥寥数语，专志几为空白，故搜览资料，甚为艰辛，所得资料，亦错漏层出，令人慨叹。然横渠四句时时勉励，岂能稍有懈怠。故为邑报恩寺、东岳庙立言之志益坚。

邑北街报恩寺肇建于宋嘉祐八年（1063 年），明万历碑文可证，千年古刹，竟毁于文化浩劫，寺内僧众后栖身于天门山东岳庙以至于今，文化命脉几中断矣。幸有普融法师振衰起敝，为报恩寺、东岳庙绵延一线命脉，始有眼下之盛况。法师秉博大之胸怀，欲以报恩寺、东岳庙并存于天门山巅，三教互补，共惠人寰，见可谓远矣。

是编也，虽简陋，然历史沿革、布局、建置、人物、艺文，各体皆备，权作抛砖引玉，以期不断完善。更可观者，插历史文物、人物、风物、景物之图于其中，图文并茂，相得益彰。历史文物、人物之图历浩劫而幸存，弥足珍贵。邑报恩寺、东岳庙之流风余韵，亦于此而可见之。惟愿诸君不忘红羊劫火，传大道而扬浩气，方不负是编之良苦用心也。是为序。

癸卯春三月陇右张梓林于伏羌双扇堂

目录

四

何遂宝根据本继老和尚口述手绘报恩寺原貌

沿革布局

伏羌报恩寺历史沿革及布局

甘谷县，位于甘肃省东南部，渭河上游。秦武公十年（前688年）至唐武德三年（620年）称“冀”，唐武德三年至民国十八年（1929年）称“伏羌”，民国十八年至今称“甘谷”。上古为雍州地，东周时冀戎居之，后为秦发祥地，两汉为天水郡、汉阳郡郡治所在，明清属陕西（甘肃）布政使司巩昌府（陕甘分省在康熙初年），今属甘肃省天水市。《甘肃通志》云：“关岭东峙，朱圉西雄，南仰天门，北环渭水，万山四塞，复岭重岗。”史载甘谷为华夏人文始祖伏羲、孔门七十二贤之一石作蜀、蜀汉栋梁姜维、雍正帝师巩建丰等贤哲名士故里，曾为陇右名区。

报恩寺位于伏羌（今甘谷）县城内北正街，据明万历伏羌知县秦国儒万历十一年（1583年）《伏羌县重修报恩寺记》及民国甘谷安书芝《甘谷县志稿》可知，报恩寺始建于北宋嘉祐八年（1063年），元至正元年（1341年）重修，明成化庚子（1480年）、嘉靖己亥（1539年）、万历癸未（1583年）历次重修。[《伏羌县新志》（明天启叶应甲）及《甘肃通志》卷十二有建于元至元二年的说法，究竟是前至元还是后至元，亦不得而知。《伏羌县志》巩志和《伏羌县志》周志皆记载为元至正元年所建。明嘉靖《陕西通志·卷三十六》有“报恩寺在伏羌县治东。元至正二年建，内有僧会司”之记载。综合各种文献考虑，我们采用明万历碑刻建于宋嘉祐八年的说法。]

《伏羌县志》山川总图

黑潭寺
朱圍山
石鼓山
小樂門
西五十里接寧遠縣界
見龍堡
五十里鋪
三十里鋪
伏羲廟
大象山
女媧祠
五里鋪
渭水
姑嫂寺
北二十里接通渭縣界

山川總圖

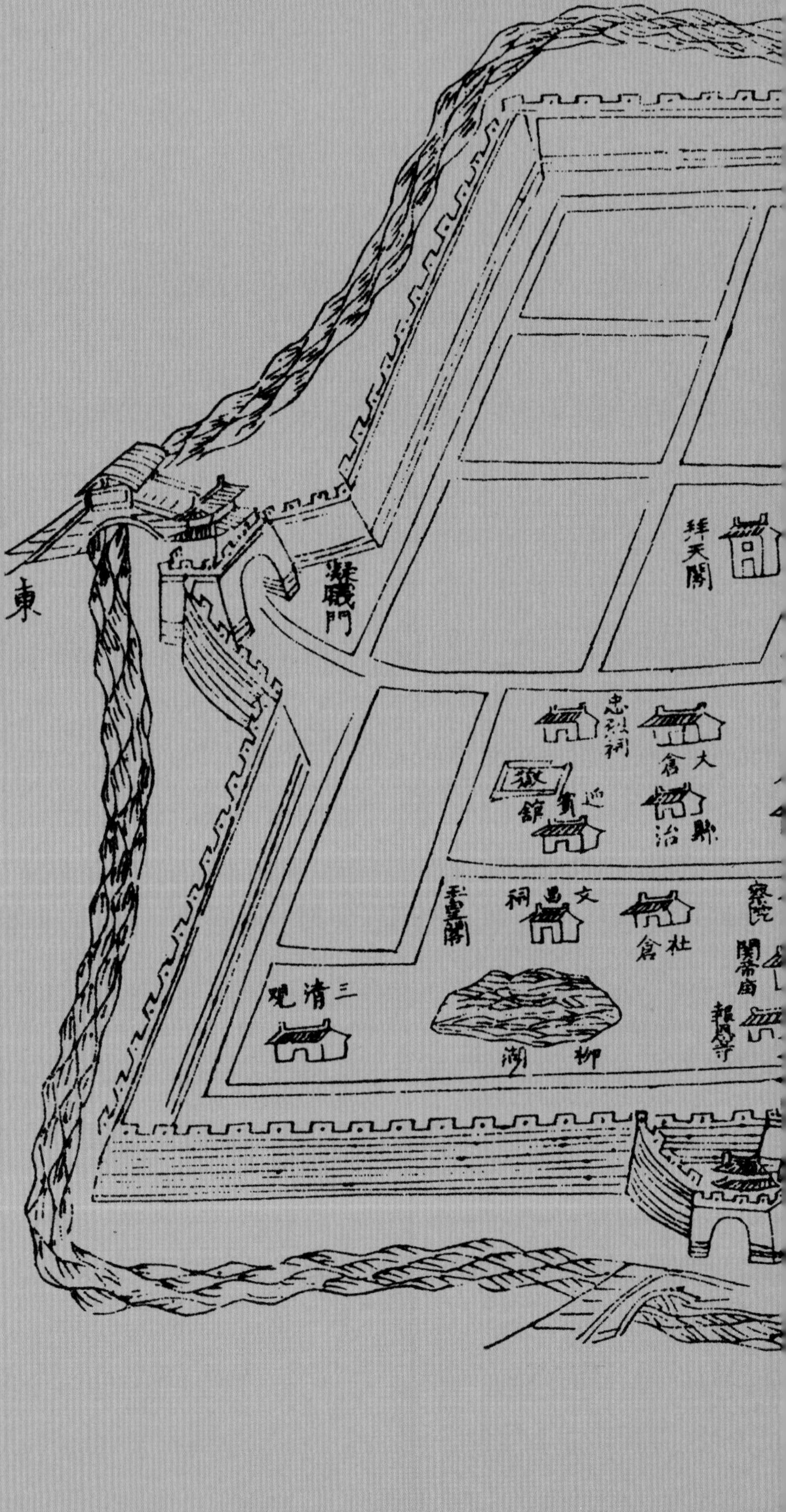

《伏羌县志》城郭图

城郭圖

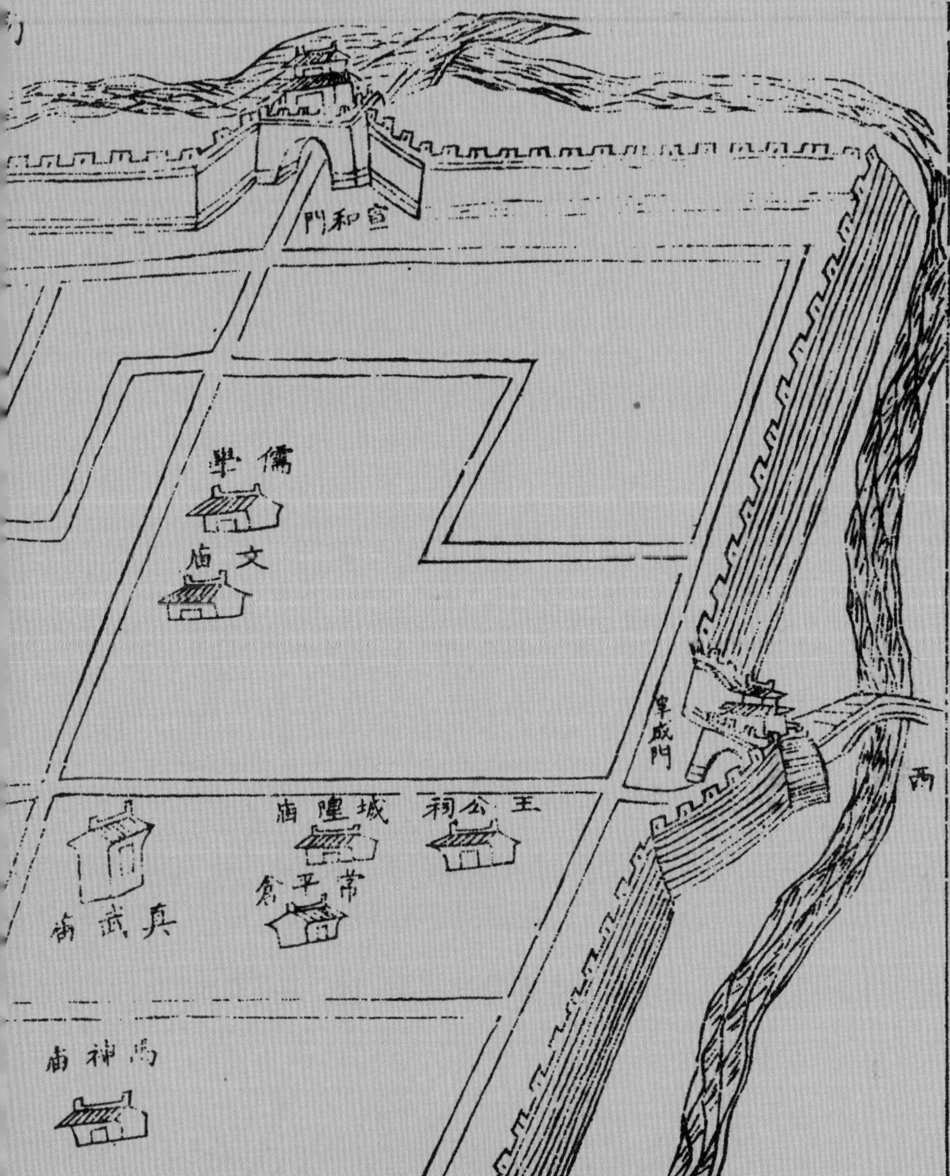

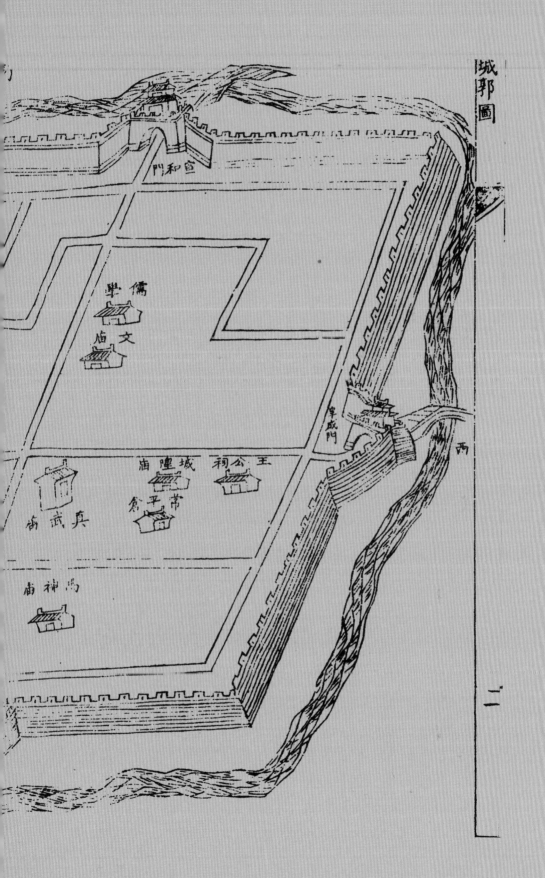

据报恩寺释本继法师记述，寺院坐东向西，为一长方形古建筑群。东西纵深约600米，南北最宽处约百米，占地24亩，面积1.6万多平方米。寺院东至火巷，南前段至关帝庙，南后段至丰民仓，北前段至民房，北后段至孙家巷，西至北大街。寺内共有殿宇28座，造像300多尊，殿宇众多，布局严整，气势宏伟，为伏羌寺庙之首。明清时期为伏羌县僧会司所驻，民国时期为甘谷佛教居士功德林所在。

报恩寺山门高约5米，为重檐歇山顶建筑，上悬“报恩寺”匾额。山门内第一层殿宇一座三间，内立两尊大力金刚，各持降魔宝杵。

第二层殿宇一座三间，内立韦驮菩萨一尊，双手合掌，捧持降魔金刚宝杵。

第三层殿宇一座三间，内坐四大天王，分持宝塔、宝剑、琵琶、宝伞等法器，足踏三千揭地神。大殿南北分别建有钟鼓楼各一间，左钟右鼓，下有通道可通内院。

第四层殿宇是一座八卦楼，楼内山石上坐着一尊鱼篮菩萨，手提鱼篮。楼北是药王庙，院内有一座三间大殿，坐北向南，中间塑有药王，坐在虎背上，疗龙治虎，娴雅动人。药王左右侍立两童子，一个捧举药斗，一个手提虎撑。两旁陪坐着中国古代十大名医，问答诊疗，形态各异。药王大殿前面有一座三间卷棚，东西厢房十间，连接一座三间护法殿，内坐一尊护法菩萨。一并连接的还有一座三间龙王宫，内坐四大龙王。龙王庙前面是一眼水井，供四邻饮用。药王庙对面，是一座三间戏楼，两边有四间小楼，接连一座三间伽蓝殿，内坐伽蓝菩萨。药王庙诸神像乃康熙年间伏羌著名雕塑师雷思禹所塑。雷思禹为北关西巷人，以工于绘画，捏塑精妙而鸣于时。

第五层殿宇为大雄宝殿，重檐歇山顶建筑，面阔十二间，雄峙震宫。殿内金刚宝座，莲花台上坐着释迦牟尼佛，淡眉长目，金容入妙，对之百虑俱清。两旁胁侍尊者阿难迦叶。释迦佛背面坐西向东，坐的是毗卢遮那佛，卢舍那佛、阿弥陀佛和两旁捧供香花菩萨。整个大殿南北分塑二十四诸天，形象威仪各具特色。院有古槐四株，鳞皮石根，高八九丈，盛夏时浓荫铺地，足畅萧寺纳凉之兴。殿右一株，唯余半皮，铁箍木柱，撑持其末，而生机转茂。近根处甃以砖石，树半身作岩洞状，供观音像，覆以六角亭，题曰：普陀灵岩，邑人张濬笔也。

大雄宝殿的后面，是始建于北宋的一座砖木结构重檐楼阁，名曰观音古阁，比城内文庙大成殿还要大一间半，伟材杰构，顶层周围十二间，下面周围二十间。上有白底黑字巨匾“心田福地”，系张濬所书。顶层中座珞珈山上结跏趺坐观世音菩萨，辅陪的文殊菩萨坐在青狮上，普贤菩萨坐在白象上，两旁胁侍两位龙王，列陪有十八罗汉，或鼻撩天，或眉拂地，不一而足，形态各异。楼下坐的是地藏王菩萨，两旁侍者左为道明，右为闵公，列陪分坐十殿阎王。据《甘谷县志稿》记载，光绪时期骆赓堂先生曾在观音阁办过私塾，民国时期甘谷县县长颜延康（1939—1940 年在任）创办过北街报恩寺国民学校。民国二十四年（1945 年）张孝友在任时北街报恩寺国民学校依旧存在，校长魏宝珊。

大雄宝殿与观音古阁之间，北面为白衣菩萨殿，内有多尊塑像。一并连接的为功曹神殿，内坐年月日时四值使者，传送公文。南面是绿度母殿，内坐菩萨一尊，普天散花。一并连接的有孤魂殿，内坐菩萨一尊，指引亡魂超升天堂之路。以上建筑均面阔三间。此院西南角，有一座三间山门，门外向南另有三处院子，第一院东边，是一座三间大殿，名称念佛堂。西边是一座三间木楼，名称藏经楼。南边是一座六间出檐瓦房，名称祖堂。北边是一座六间出檐瓦房，名称客堂。第二院是僧人寮房、禅房和斋堂。第三院是储藏日常生活用品、食物和其他东西的库房。

报恩寺山门外南边正北街上是一连十间坐东朝西的寺院所属铺面，铺子后院有三座窑房，出入行走后门。山门北侧正北街上，也是坐东向西的两间铺面，铺子后院北面有三间瓦房，东面是五间两檐水瓦房，出入行走后门。上述十二间铺面的租金收入，是历代寺内供佛用金和常住僧人生活费用的主要来源。

据清《伏羌县志》（巩志、周志、侯志）记载，明代僧会司有舟佣、康净兴。清代有李真懿、陈如恕、蒋性贤、黄性恭、杨寂福、胥寂若、蒋照来、蒋普延、吴通志。

民国二十三年（1934 年），邑城乡老士绅和寺庙僧人联名向县府、专署、省府、国府逐级申请批准，于四月初十成立甘谷佛教会功德居士林，共 377 名成员，其中僧人 23 名，男女居士林员 354 名。源深和尚为正林长，源静和尚为副林长，宋子才居士为总务理事长，副理事长 8 人：何鸿吉居士为讲经师，黄金鼎居士为法纪戒律，魏荣璋居士为教学，丁海逢居士为医疗，王绍缘居士为学习修持，彭育生居士为宣传化度，蒲景蔚居士为书法，宋汝宽居士为协调和凯。另外，王化民居士为文书财会，黄华宣居士为杂务。源静和尚主管殿堂，诵经拜佛。

1950 年四月初八日浴佛节，甘谷县政府民政科发出通知，指示报恩寺全体僧人“上山下乡”。同年 10 月，寺内僧众 11 人被指定到天门山泰山庙暂住，等候安排。接着，这座历史悠久的古寺名刹毁于一旦。地产划归县财政局、税务局、粮食局等单位。寺院南端僧房院，建有藏经木楼一座，楼上珍藏的宋元以来佛经古籍数量巨大，充塞楼宇，不下千百卷之巨。楼下藏有元代佛教经版，以供善男信士刊刻。随着寺院逐步拆除，珍藏经典，古籍字画大部分被焚烧毁坏，小部分随僧人带于天门山泰山庙。宋元以来千百年的古籍典藏、水陆道场画、夹板经书、佛经雕版，充作薪柴，六七年间焚烧殆尽。现今只剩一棵古槐，立于粮食局院内，向人们诉说着所经历的沧桑。1966 年 7 月 21 日，一群人上山毁坏了泰山庙内大部分殿宇、神像、房屋、壁画以及寺内多年辛苦栽植的树木。中共十一届三中全会后，党的宗教政策得以落实，释本继和众善信于 1986 年夏在天门山东岳庙南侧发起重修报恩寺东禅院。报恩寺东禅院为四合院落，东五间为佛殿，西三间为寮房，南三间为寮房，北三间为厨房及两间库房，山门朝西。至此，北街报恩寺在天门山得以重生。

伏羌东岳庙历史沿革及布局

伏羌天门山属朱圉山分支，“天门春晓”为伏羌八景之一，《甘肃通志》《巩昌府志》《伏羌县志》等史志对此皆有记载。据《巩昌府志》载，伏羌八景有：天门春晓，渭水秋波，悬崖古像，古岳灵湫，渠流清玉，峰锁翠岚，旗鼓雄观，朱圉晚晴。据清初陇西马从龙诗作，伏羌八景有：天门春晓，渭水秋波，悬崖大像，朱圉晚霞，渠流清玉，古岳灵湫，峰锁翠岚，石鼓前知。其中都有古岳灵湫一景。据康熙伏羌知县曹思义和康熙伏羌名士骆继宾诗作，伏羌八景里开始出现魁阁凌云一景。同光时期伏羌八景基本定型为：天门春晓，渭水秋波，悬崖大像，魁阁凌云，堰渠流玉，柳岸垂金，鼍峰旭日，朱圉晚霞。流传至今。天门春晓、古岳灵湫、魁阁凌云皆与天门山有关。

据清《伏羌县志》（巩志、周志）载：“（天门山）为邑主山，三峰挺秀，若笔架然。春月芳草萋芊，山花绚烂，游人陟中峰登眺览胜。”天门山山势巍峨，峰峦耸峙，古木成林，山花似锦。每当旭日东升，登临山顶，晨雾中环视四野，但见层峦叠嶂，绵延起伏，颇为壮观；俯瞰渭水平川，烟雾缭绕，玉带蜿蜒，高楼林立，霞光映彩。夕阳西照时，则四野涂金，山峦辉映，是集自然景观与人文景观为一体的游览胜地。天门山中蕴有灵湫，即各类典籍所称“古岳灵湫”。灵湫所在地俗称“蛤蟆口”。湫池水清澈如镜，甘甜可口，自古及今一直是东岳庙、庙湾村民日常饮水之源，更有县人凌晨执瓶携桶蜿蜒盘旋于山道之上前去取水。清光绪时，邑翰林王海涵题灵湫“甘泉宫”之“异位同功”匾额尚在，足见灵湫影响之深远，可谓天门山中之琼浆玉液，古代被列为邑八景之一，名不虚传。据《甘肃通志》卷十可知，天门山下曾设过天门隘：“（伏羌）天门隘，在县南天门山下。”（隘：关隘，在交通要道设立的防务设施，通常是军事要地。）足见其地之险要。

天门山东岳庙又称泰山庙、天齐宫。明天启七年（1627 年）所撰《伏羌县新志》共记载寺观 19 个，未有泰山庙之记载。天门山泰山庙首次见之于《伏羌县志》（巩志），但只见其名，未见创建年代。伏羌天门山泰山庙始建于何时，《伏羌县志》（周、侯各志）、《重修甘谷县新志》（任志）、《甘谷县志稿》（安志）亦皆无创建年代之记载。据潘钦岳、巩建丰诸先贤诗文集可知，清初已有天门山泰山庙。康熙二十七年（1688 年）纪元在明天启元年（1621 年）杨恩残本十卷基础上补修的《巩昌府志》伏羌县境图里有泰山庙的图画。然而，此图是杨恩旧本所载还是纪元补修本新载，亦难以分辨清楚。但县境图里所载文庙位于北山之麓，据此结合《伏羌县志》（周志）云“万历辛卯，县令封嘉诰迁文庙于北山之麓”可以确定，此图是杨恩旧本所载。康熙年间文庙位于南街。亦由此可以确定，明万历十九年辛卯（1591 年）时，伏羌泰山庙已经存在，具体创建年代还需进一步考证。1998 年出版的《甘谷县志》有“该庙始建于宋仁宗天圣年间”之说，不知依据何在。同治二年（1863 年）四月十二日回民反清，先焚大像山，后烧天门山。现在大像山、天门山所存古建皆为同治末年及光绪年间所重建。据天门山泰山庙南北两殿梁记可知，清光绪二十四年（1898 年）、二十五年（1899 年）重建过南北两殿，当时伏羌县知县为苏重熙、李瑞征，当时有住持道长郭道长、魏道长；房班白含芳、郭鼎铭、安长吉、李永青、安定三、雷奋豫、杨秉春、蒋益三、安迎章、□步赢、李少白、李凤鸣、武自强、尹树德、雷文治、王喜福、李廷俊、程映发、刘炳南、王国桢、李得有；泥工张永兴；木工王百林；画工魏廷鼎。民国二十年（1931 年）又重修北殿，当时甘谷县知事为毛光明；审判厅长为杨宗峻；第一二三科科长为李敬明、王宪亲、牛永锡；管狱员为王念谔；总经理为宋汝宽、郭毓灵；发启募缘人为蒲秉薰、李玉华、黄国献、尹文瀚、郭钟灵、任炳钧、巩森、蒋启文、葛炎、郭相唐、关森荣、曲肇文、孙绍基、张海清、刘国栋；总督工李九锡、杨焕南；木工郭海清；泥工常福临，徒蒋万德；画工王钱广；主持魏永征。民国二十一年（1932年）南殿再次修缮，梁记题有：审判厅长邓洪溪；第一二三科科长李敬明、王宪章、牛永锡；管狱员王念谔；总经理宋汝宽、郭毓灵。发启募缘人蒲秉薰、李玉华、黄国献、尹文瀚、郭钟灵、任炳钧、巩森、蒋启文、葛炎、郭相唐、关森荣、曲肇文、孙绍基、张海清、刘国栋；总督工李九锡、杨焕南；木工尹世雄；泥工常福临，徒蒋万德；画工王钱广；主持孙元廓。

天门山泰山庙诸神像为清代著名雕塑师马献瑞所塑，马献瑞为通渭安远镇（今甘谷安远镇）人。《甘谷县志稿》谓泰山庙“塑像雄奇森穆，殿壁十王画像，襟带须眉飘飘飞动，轩翥霞举，鬼判诙奇惊人，皆马献瑞手迹，塑绘俱臻能品，画工中百余年所仅见”。民国时期，伏羌天门山泰山庙设有广化坛。

泰山庙大门坐东朝西，大门外南端为山神土地庙。登十三级台阶进大门，门庭上为戏楼，门庭南塑有泰山爷结拜弟兄四人：龙环、黄明、周纪、崇黑虎。门厅北塑有两小鬼、两判官。过门庭为戏场，再朝东登九级台阶，便是一座牌坊，前面悬匾“气宝参天”，后面悬匾“昊天罔尺”。过牌坊，东面便是泰山爷

民国时期天门山东岳庙院内实景　李春供图

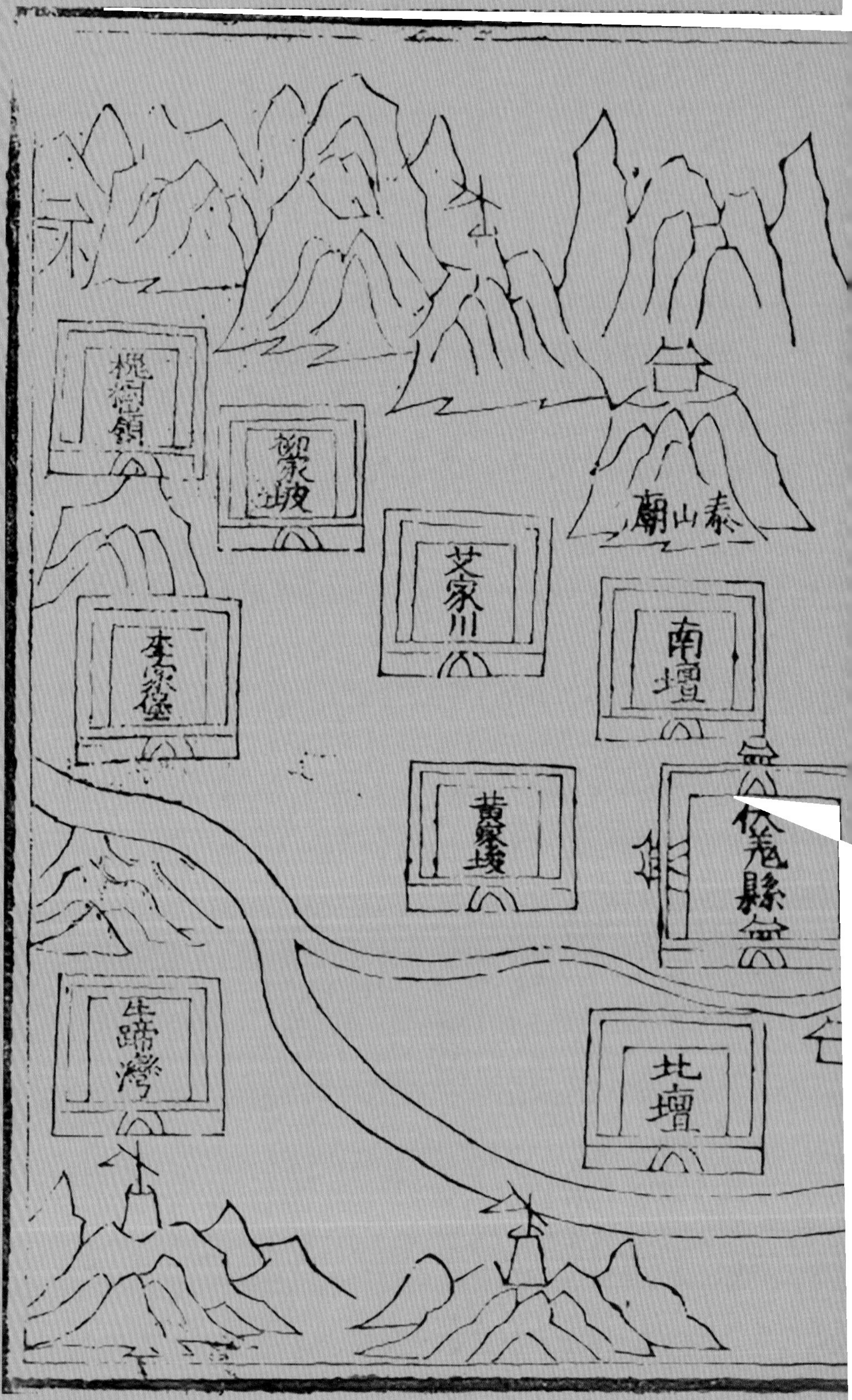

《巩昌府志》伏羌县境图

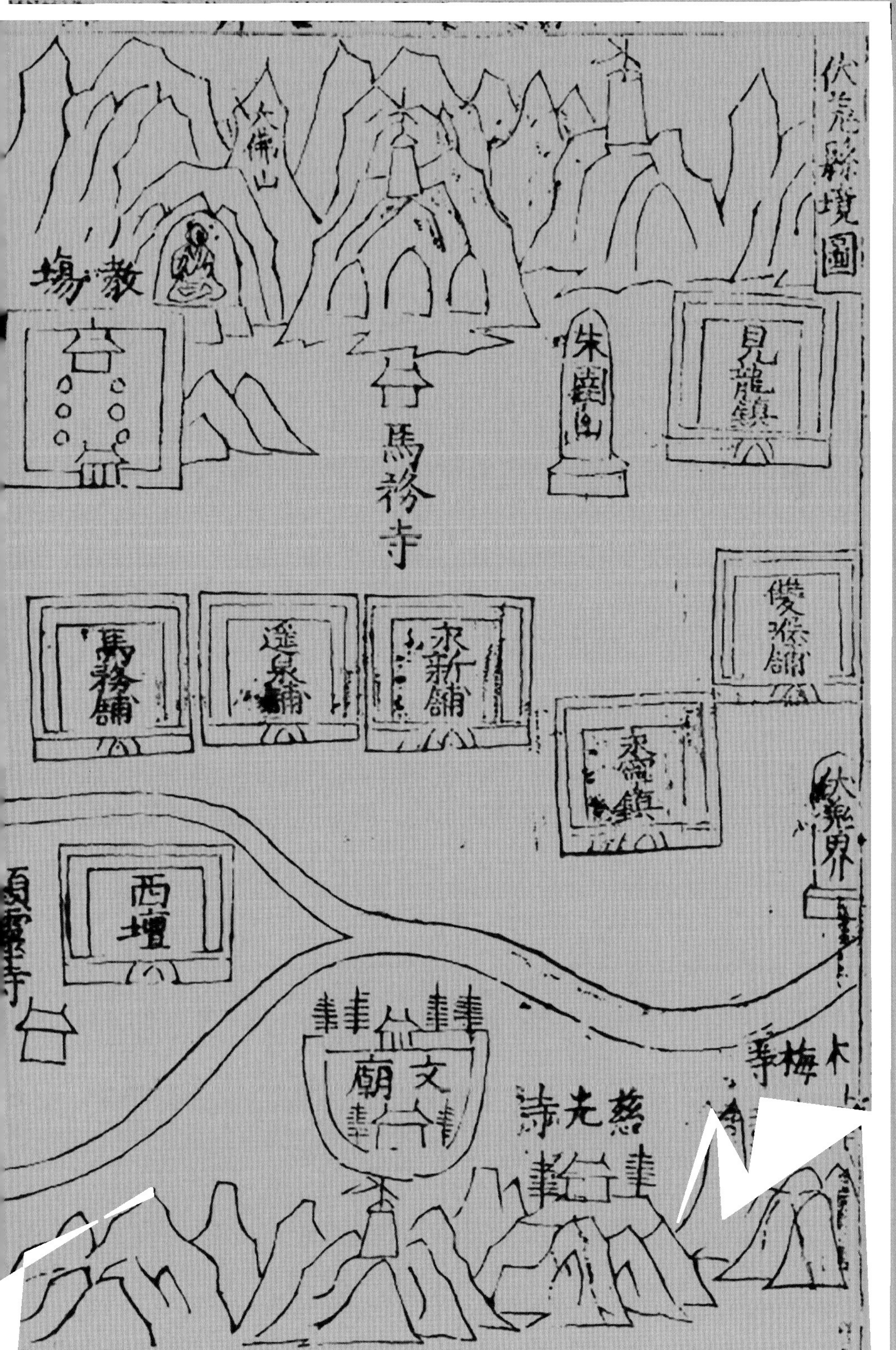
伏羌縣境圖
大佛山
教場
馬務寺
朱圉山
見龍鎮
馬務舖
遙泉舖
永新舖
西壇
文廟
慈光寺
木梅寺

大殿，南为赏善殿，北为惩恶殿。泰山爷大殿神龛两侧两文：崔爷、王爷；两武：朱爷、张爷。过泰山爷大殿，便是后殿，为泰山爷寝宫，塑有泰山爷和泰山夫人。遇旷古未有之“文革”浩劫，古庙化为焦土，瑰宝俱成烟尘。现在的泰山庙建筑群除南北两殿而外，皆为20世纪80年代后所新建。

戊辰年（1988年）春至丙子年（1996年）十月初六日，东岳庙大殿、后殿、卷棚及大殿东岳大帝、后殿娘娘圣像彩塑竣工并开光，历时八年始成。释本继主持，李玉正、杨子珍、何遂宝等人负责木工，马瑞田、王友楠等人负责彩绘，蒋定福等人负责砖雕，蒋来福等人负责泥瓦，马瑞田、王友楠等人负责彩塑。癸未年（2003年）春，重建山神土地庙于东岳庙北侧。正殿坐东朝西三间，塑山神、土地神像。南北有耳房各一间。正西有照壁一面，高数丈有余。南北有门二座，飞椽斗拱，十分壮观。彩绘：王银宝、王建元；木工：王顺禄、何遂宝；泥瓦工：蒋来福等。丁亥年（2007年）春，释觉苗主持重建东岳庙山门、南殿（嘉善殿、马三将军殿）、北殿（惩恶厅、关圣帝君殿）。马化麟、潘志强负责设计，甘谷县六峰建筑公司承建，王银宝等人负责彩绘，王青川等人负责彩塑。己亥年（2019年）春至癸卯年（2023年）秋，在普融法师主导下，先后建成念佛堂、梅园、牡丹园、杏园、凌虚台，始成今日天门山东岳庙之面貌。

《天门山报恩寺》　陈天铀画

附一　伏羌报恩寺古木

古树名木是森林资源中的瑰宝，是自然界和祖先留给人类的宝贵财富。在生物自然演替进化的漫长进程中，它们客观记录并生动反映了自然变迁和社会发展的痕迹，是历史的见证、活着的文物，是一种不可再生的重要自然和文化遗产。人类在世代繁衍生息、生产生活中，与古树名木形成了休戚与共的关系，古树名木承载着一代又一代人心灵深处最温馨美好的记忆、最割舍不下的乡愁。

生长在大像山镇北关村（县粮食局家属院内）的槐树，俗名为蝴蝶槐、国槐、金药树、豆槐、槐花树、槐花木、紫花槐，豆科，槐属，古树编号为62052310025100366，地理位置为经度105.3°，纬度34.7°，树龄约1000年，树高8米，胸（地）围4.36米，冠幅17米，为一级古树。树干虬劲，气势雄伟，整个树冠像一把巨大的伞，遮天蔽日。四月槐花如雪，九月荚果成串，阵阵幽香让小院陶醉。

二〇二〇年七月在一次大风中槐树东侧主枝劈裂，靠扶在一房屋之上，树干出现大面积空洞，属于濒危株，急需修复。据考证，北宋宋仁宗嘉祐年间创建伏羌县报恩寺所植槐树四株，其中三株已不存在，现仅存此株，见证了甘谷历代世事的变迁，已成为甘谷历史文化古城的“绿色古董”。

浩瀚苍穹，物竞天择。保护一棵古树名木，就是维护一个优良稳定的生态环境，就是存续一部自然与社会发展的史书，就是贮藏一份优良的种质遗传资源，就是保存一件珍贵古老的历史文物。千年古槐像一位饱经沧桑的老人，躲过无数天灾人祸，看惯了朝代兴替，世态炎凉。一旦再被毁坏就可能意味着甘谷一段历史的沉沦，因此，加强对古槐的保护复壮具有重要的现实意义。

资料由甘肃林业职业技术学院王晓春教授提供

报恩寺旧址上之古槐树

附二　天门山东岳庙庙会

据《尚书》记载，舜帝曾巡行至四岳，唯东巡称“至于岱宗”，其他三岳皆不称名，由此可知泰山成名最早。西汉神爵年间首次制作“五岳四渎”祭礼时，特意将泰山定为一岁五祠，礼秩上高于其他四岳的“一岁三祠”，这一做法确立了泰山五岳独尊的地位（据牛敬飞《古代五岳祭祀演变考论》）。自秦始皇起，泰山成为历代帝王举行封禅大典永延帝祚的祭祀圣地。唐开元十三年（725 年），唐玄宗封泰山神为天齐王。宋大中祥符元年（1008 年），宋真宗封泰山神为“仁圣天齐王”。大中祥符三年（1010 年），宋真宗降敕“从民所欲，任建祠祀”。此后全国各地相继建立东岳行宫奉祀东岳大帝，东岳信仰逐渐成为全国性的信仰。宋大中祥符五年（1012 年）进封东岳为“天齐仁圣帝”。元世祖至元二十八年（1291 年）春，封泰山神为“天齐大生仁圣帝”。明清两朝将原来的封禅改为祭祀。伏羌天门山东岳庙明代已见于《巩昌府志》，始建于何时还有待于进一步考证。

按《蠡海集》载：东岳生于三月二十八日。故每年三月二十八日，士女游眺瞻拜以祝东岳之诞日，此伏羌天门山东岳庙庙会之源。由于农历三月二十八日是东岳大帝诞辰，又是一年中邑内最大的庙会之一的举办日，故天门山又被邑人俗称为“三月八山”。时值暮春，芳草萋芊，山花绚烂，游人陟中峰登眺览胜，更有秦腔演出助兴，其盛况为一邑之冠。康乾时期翰林院侍读学士巩介亭先生所撰《东岳祝辞》亦可见清代邑士绅祭祀东岳之虔诚隆重。

据《甘谷县志稿》载:“三月二十八日,天门山上举行赛会礼,演剧四日,自二十七日开始,月底始罢。”民国时期（20世纪三四十年代),甘谷境内主要有四大戏曲班子。甘谷本地土产班子一个——三盛社；外地班子三个——新秦社、化民社、敬忠社。春夏秋冬百姓常年有戏看,演出形式有庙会公演,有售票演出。农历三月二十八日天门山举行东岳庙公演。庙会公演时每日有早、中、晚三场戏。早戏为早上10点至中午1点左右；午戏为下午2点至下午6点左右；晚戏为晚上8点至凌晨1点半左右。当时没有话筒、扩音器,没有电灯、彩灯,晚上唱戏照明一般用的是清油灯,民国三十四年左右出现了汽灯,但很少。现在的戏投机取巧的多,过去的戏皆可称为“善本”“足本”,炉火纯青,一丝不苟,词精唱腔精、摆扎（架口）精。像刘毓中的白须生,至今全国少有赶上者；王振国的黑须生亦少有超过者；耿乐民的花脸独领秦腔艺坛；张新康的花旦,如《三击掌》中的王宝钏等,惟妙惟肖；杜干秦的媒旦更是令人叫绝,不一而足。秦腔好,往事知多少？名腔名调应犹在,只是时代改。问君能有几回闻,荡气回肠风雨沧桑勾人魂。

天门山东岳庙原山门门庭上为戏楼,具体创建年代不可考。清代伏羌知县时从夏撰戏楼联:“歌管播佳音,响答四山照瑞应；楼台雄绝顶,势高百尺现奇观。”此联犹存,亦可证当时庙会演剧之盛况。20世纪80年代后,邑南关村村民在天门山下修建了戏台,每年“三月八”庙会演出活动为期四天,已经成为本县重要的民俗文化活动之一。其时天门山下人潮似海,商贾聚集,昼夜相接,繁盛空前。山上报恩寺念佛堂同时举行为期七天的诵经祈福法会,东岳庙内上香祈福者、游览观光者从四面八方纷至沓来,有本地小曲演唱、道情演唱、书画公益结缘等传统文化活动,人头攒动,海会云集,热闹非凡。

卷

二

人物法脉

◎ 伏羌报恩寺法系渊源（部分僧众名录）

◎ 释紫光小传

◎ 释源深小传

伏羌报恩寺法系渊源（部分僧众名录）

唐宣宗大中八年（854 年），义玄禅师住镇州临济院设三玄三要、四料简等禅法接化徒众，以机锋峭峻著称当世，遂成临济宗。临济宗为中国佛教禅宗之一。中唐以后，此宗门风兴隆，成为一大宗派。到北宋时期，又分出黄龙、杨岐二派，其法脉延续直至当代仍不绝如缕。伏羌报恩寺属于临济正宗。临济正宗僧谱（字辈）：智慧清静，道德圆明。真如性海，寂照普通。心源广续，本觉昌隆。能仁圣果，常演宽宏。惟传法印，正悟会融。坚持戒定，永继祖宗。

报恩寺历代高僧文献有载者清初有释紫光，属于临济正宗三十四世，《甘谷县志稿》有小传，《甘肃新通志》作“旧光和尚”，康熙十三年坐化于大像山太昊宫前，龛其肉身于双明洞下石窟，立碑为记。明代万历重修报恩寺时有释舟浉，据《伏羌县重修报恩寺记》可见。据李则广《祝报恩寺复庵和尚七旬整寿》一联可知，道光时期有复庵和尚。晚清时期有释心安，字凝空，生于清道光年间，圆寂于光绪年间。清末、民国时期有释源深、释广生、释续空。新考其他人物见下面列表。

明

安古心

明报恩寺僧正

觉鉴

明报恩寺僧

郭慈铎

明报恩寺僧

刘诚昙

明报恩寺僧

牛诚强

明报恩寺僧

张大良

明报恩寺僧

谢舟潚

明伏羌县僧会司僧会，《伏羌县志》记为舟佣，据考应为舟潚

舟泝

明报恩寺僧

谢仁灵

明报恩寺僧

卢舟滨

明报恩寺僧

黄舟海

明报恩寺僧

李智贤

明伏羌县僧会司僧会

智端

明报恩寺僧

慧镜

明报恩寺僧

慧鉴

明报恩寺僧

慧恩

明报恩寺僧

慧明

明报恩寺僧

慧德

明报恩寺僧

慧通

明报恩寺僧

张□□

明报恩寺僧

谢慧□

明报恩寺僧

慧灯

明报恩寺僧

慧诚

明报恩寺僧

郭慧明

明报恩寺僧

牛清训

明报恩寺僧

白清诣

明报恩寺僧

净寿

明报恩寺僧

明经

明报恩寺僧

明宽

明报恩寺僧

刘清谅

号真庵，明报恩寺署印僧

牛清证

明报恩寺僧

张清讲

明报恩寺僧

杨清记

明报恩寺僧

张清泉

明报恩寺僧

黄清湛

明报恩寺僧

张清论

明报恩寺僧

王清诚

明报恩寺僧

刘清渊

明报恩寺僧

清宁
明报恩寺僧
□世保
明报恩寺僧
黄含猷
明报恩寺僧
净道
明报恩寺僧
净通
明报恩寺僧
净洋
明报恩寺僧
净莲
明报恩寺僧
康净兴
明伏羌县僧会司僧会
李净滨
明报恩寺僧
牛净浍
明报恩寺僧
刘净澄
明报恩寺僧
李净道
明报恩寺僧
王净通
明报恩寺僧

杨净方
明报恩寺僧
马净秀
明报恩寺僧
李净龙
明报恩寺僧
王净深
明报恩寺僧
张净智
明报恩寺僧
黄净延
明报恩寺僧
蒋海□
明报恩寺僧
杨净寿
明报恩寺僧
安□□
明报恩寺僧
萧□□
明报恩寺僧
义钊
明报恩寺僧
正大
明报恩寺僧
本湖
明报恩寺僧

性朝
明报恩寺僧
圆文
明报恩寺僧
圆慧
明报恩寺僧
圆忠
明报恩寺僧
悟广
明报恩寺僧
明正
明伏羌县僧会司僧会
明江
明报恩寺僧
明琔
明报恩寺僧
真香
明报恩寺僧
真嗣
明报恩寺僧
真教
明报恩寺僧

清

李真懿

伏羌县僧会司僧会

陈如恕

伏羌县僧会司僧会

如意

明末清初报恩寺僧

如慈

明末清初报恩寺僧

如统

生于顺治,圆寂于康熙,报恩寺僧

如愿

前清报恩寺僧

如懃

前清报恩寺僧

如意

前清报恩寺僧

如珀

前清报恩寺僧

紫光

前清报恩寺僧

蒋性贤

伏羌县僧会司僧会

黄性恭

伏羌县僧会司僧会

性朝

前清报恩寺僧

性稳

前清报恩寺僧

杨寂福

伏羌县僧会司僧会

寂观

前清报恩寺僧

寂修

前清报恩寺僧

胥寂若

伏羌县僧会司僧会

蒋照来

字养如,伏羌县僧会司僧会

照亮

生于乾隆,圆寂于嘉庆

照融

生于乾隆,圆寂于嘉庆

照云

生于乾隆,圆寂于嘉庆

照明

生于乾隆,圆寂于嘉庆

蒋普延

清伏羌县僧会司僧会

普济

字万品,伏羌县僧会司僧会

普舟

字远揖,生于乾隆,圆寂于同治

普　同

生于乾隆,圆寂于嘉庆

敬修

生于嘉庆,圆寂于道光

普明

字莲悟,生于清嘉庆,圆寂于咸丰

普清

字至悟,号静庵,生于乾隆二十一年正月二十二日,圆寂于道光十五年五月十八日

吴通智

伏羌县僧会司僧会

通真

字乾元,生于嘉庆,圆寂于同治

通梅

字慧彻,生于道光,圆寂于光绪

通正

生于道光,圆寂于光绪

通畅

生于道光,圆寂于光绪

心安

字凝空,生于道光,圆寂于光绪

心田

生于清同治,圆寂于民国

心远

生于同治,圆寂于民国

心顺

生于同治,圆寂于民国

心瑞

生于同治,圆寂于民国

源戒

生于光绪,圆寂于民国

源定

生于光绪,圆寂于民国

源慧

生于光绪,圆寂于民国

源中

字子和,生于同治四年三月十九日,圆寂于民国元年十一月十一日

源隆

伏羌县僧会司僧会

源泰

生于光绪,圆寂于民国

源勇

生于光绪,圆寂于民国

源昙

生于光绪,圆寂于民国

源深

字净清,号悟云,伏羌县僧会司僧会,生于同治十二年,圆寂于民国二十七年

源静

号悟安,生于光绪,圆寂于民国

广慈

号亦悲,生于清末,圆寂于民国,报恩寺僧

广有

生于清末,圆寂于民国,报恩寺僧

广福

字乘五,生于光绪十九年十月初七,圆寂于民国三十八年七月初一

广勤

生于清末,圆寂于民国,报恩寺僧

广修

生于清末,圆寂于民国,报恩寺僧

广生

生于清末,圆寂于民国,报恩寺僧

续缘

字净吟,生于民国四年八月十九日,圆寂于民国二十八年四月十六日,报恩寺僧

续真

清末民初,报恩寺僧

续成

民国三十八年后还俗

续空

民国三十八年后还俗

续果

民国三十八年后还俗

本继

号承斋,生于民国元年正月三十日,圆寂于2006年正月十六日

本彻

字度冉,生于民国四年五月十六日,圆寂于1977年农历八月三十日

本德

民国三十八年后还俗

本亮

民国三十八年后还俗

释紫光小传

安履祥　撰

张梓林　辑佚整理

释紫光，邑天目报恩传临济正宗第三十四世，报恩寺僧。里氏未详，秽迹潜修，俗子莫识，与潘友海先生契。往往冬夜眠宿佛殿香案下，晨炊时犹不起。潘每饷之，呼曰“光和尚”。即出取之，旋即入。“光”与“瓜”音相近，故“瓜和尚”三字，至今里俗犹能道其颠末。清康熙间某冬夜，雪深尺余，晨斋时遍觅不得。唯佛殿数丈外，一足印朗然，咸怪之。未几，有人报和尚坐化于大像峰太昊宫前。往视，玉箸双垂，晏然圆寂矣。因龛其肉身于双明洞下石窟，志其宗派法号而已，有颂见艺文。

释源深小传

张梓林　撰

释源深（1873—1938），邑天目报恩传临济正宗第四十二世，报恩寺僧。法名源深，字净清，号悟云，生于清同治十二年（1873 年），圆寂于民国二十七年（1939 年），伏羌县僧会司最后一任僧会，报恩寺方丈。其人善书画。心尘净而禅机稳。待良友之情深。与伏羌名士安书芝交颇洽，若坡仙与佛印然。书芝有《悟云和尚塔赞》《悟云和尚禅院花厅联》《代悟云和尚挽李兴伯先生》。民国十年（1921 年）与南街李绣鏞、北关西巷舒鸿绪一同首事修葺大像山大佛殿，改同治末三间五层为五间三层。民国二十二年（1933 年）重建释紫光墓碑并题书联语。民国二十三年（1934 年），甘谷佛教会居士功德林成立，为正林长。邑报恩寺清初有潘墨庄与释紫光之佳话，清末有安书芝与释源深之佳话，可谓后先辉映焉。

源深法师僧会官服法相

源深法师禅修法相

经书古籍

◎明代木刻及手抄本

◎清代木刻及手抄本

◎民国手抄本

明代木刻及手抄本

一、明隆庆元年（1567 年）刻本《大佛顶首楞严经》

邑报恩寺藏有明隆庆刻本《大佛顶首楞严经》一部十卷。此经为明隆庆元年（1567 年）仲春吉日刻印，卷尾有“大明国陕西净业寺沙门智英、徒照空发心重刊楞严尊经一卷，领众比丘隆庆元年仲春吉日造”之题记。牌记为上宝盖下莲台形制，中题“大云禅寺住持僧性玉奉记大佛顶首楞严尊经一部，伏乞三宝光中永证常住”。经折装，半折 5 行，每行 17 字，白棉纸制，纵 27 厘米，横 12.5 厘米，私刻本。卷首有佛说法图一幅，绘刻精美，线条细密。文字平书上版，笔画清晰，字势大方，镌刻水平甚佳。不失为明代单部佛经之精品。

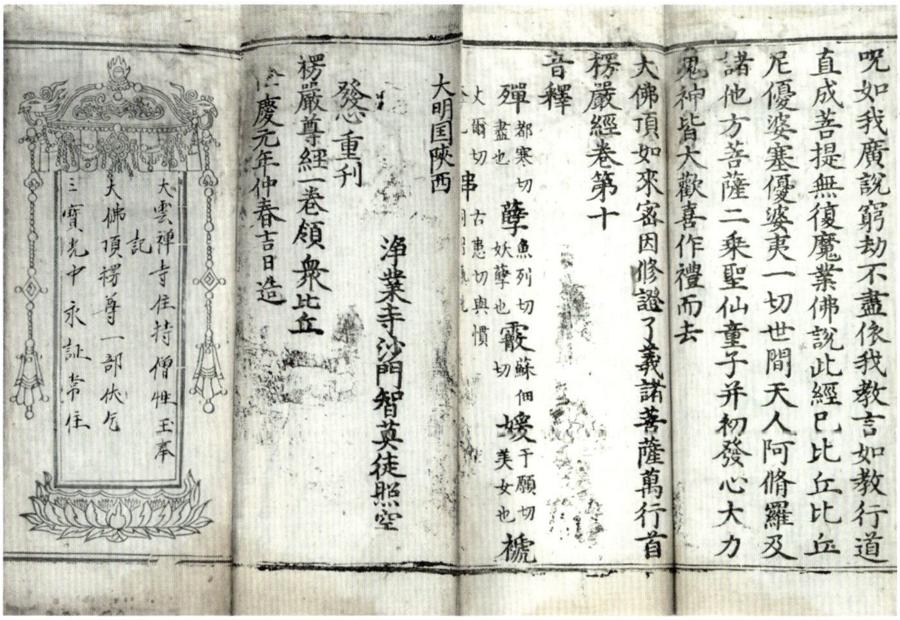

明 · 隆庆刻本《大佛顶首楞严经卷第一》局部

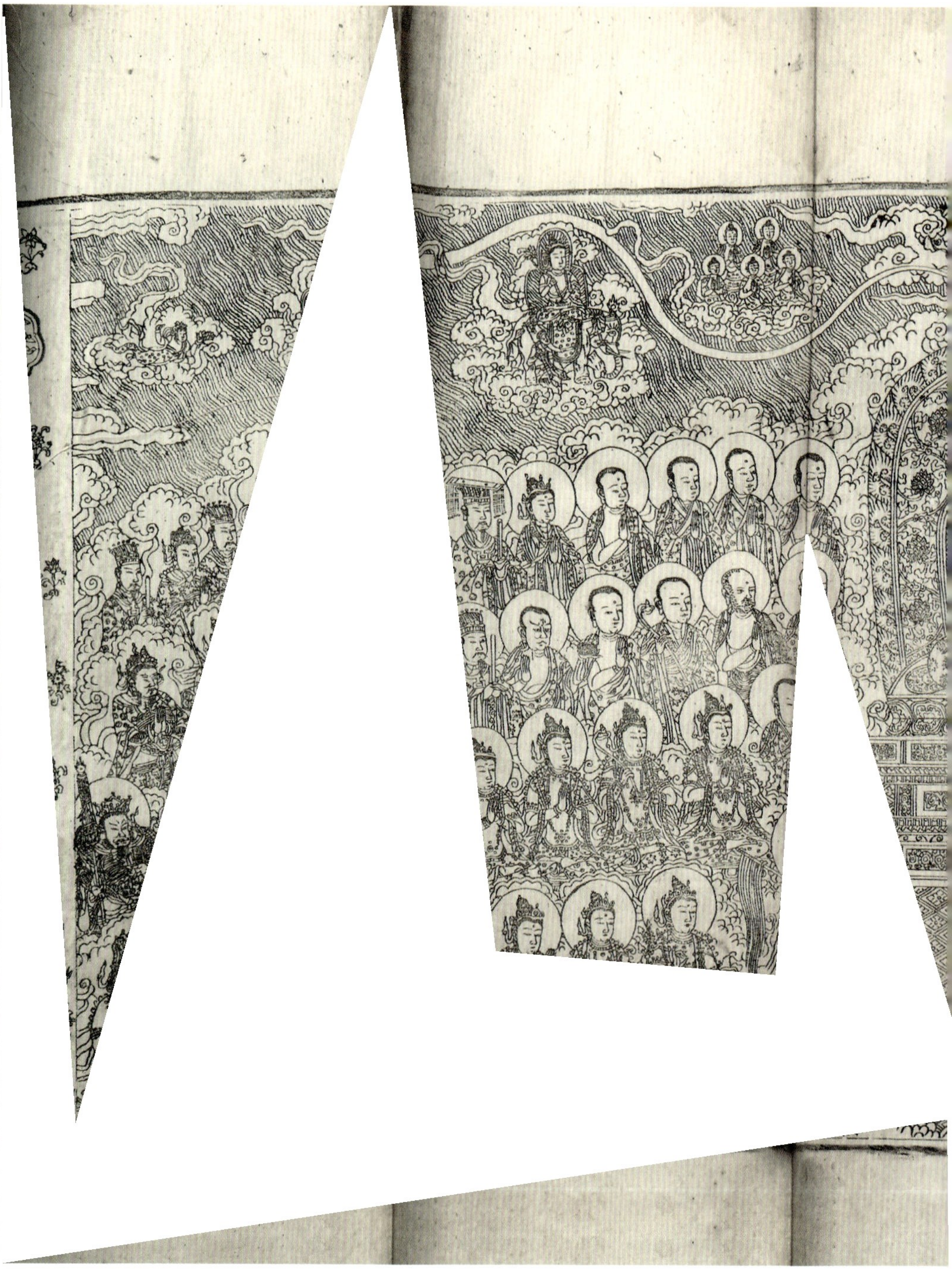

明·隆庆刻本《大佛顶首楞严经卷第十》世尊说法图

二、明隆庆五年（1571 年）刻本《地藏菩萨本愿经》

邑报恩寺藏有明隆庆五年（1571 年）七月刻印的《地藏菩萨本愿经》一部上、中、下三卷。经折装，半折 5 行，每行 13 字，纵 27 厘米，横 11.5 厘米，上下双边。卷尾有“陕西西安府长安县张名、和迪二里喜舍资财信士……奉佛释子通文、宗信发心引众刊校，伏愿三宝光中吉祥如意，隆庆五年七月吉日

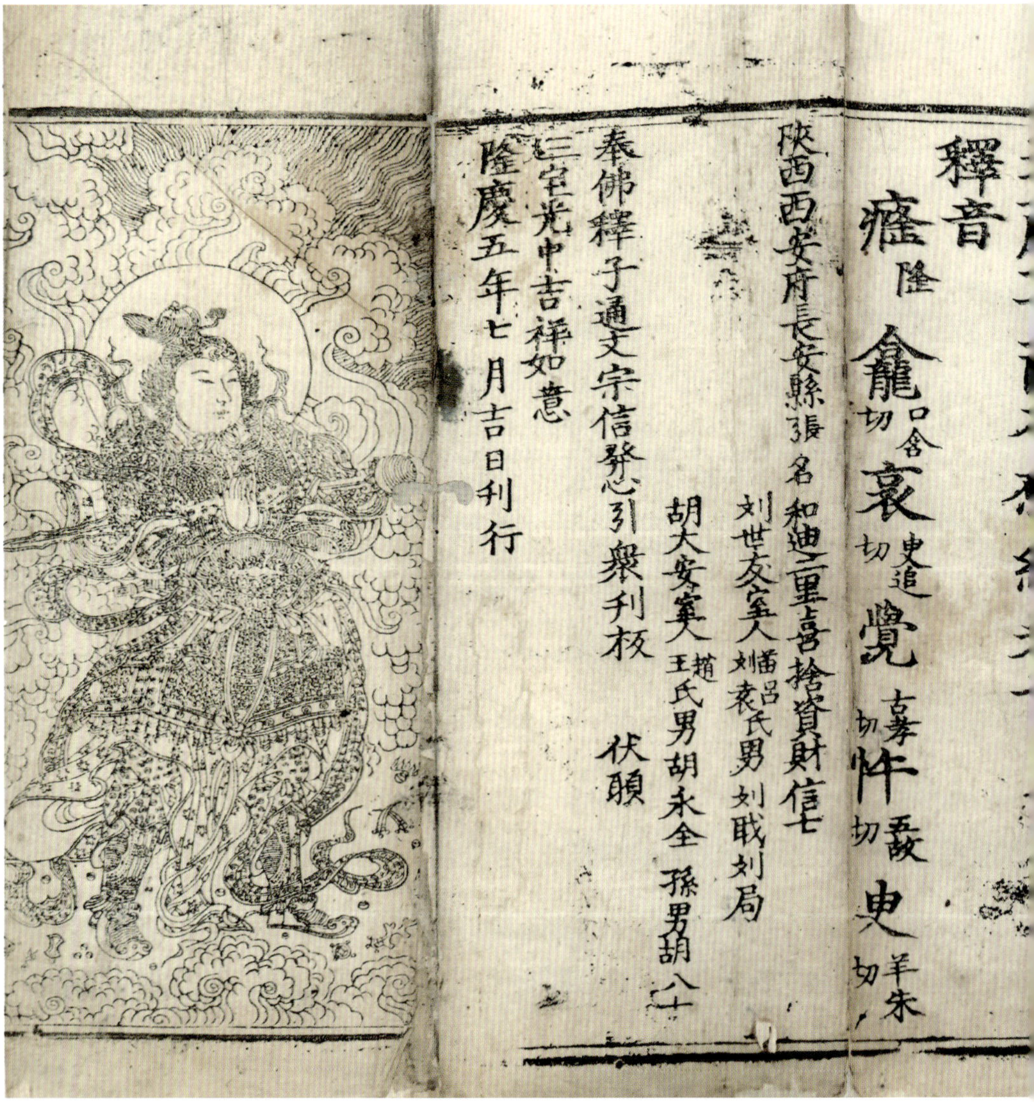

刊行”之题记。此经纸色深沉古雅，字大行疏，用上等红绫装帧。经中版画奇特，地藏菩萨身边陪列之目连尊者、焦面鬼王皆与经文有关。特别是卷尾护法韦驮，绘制高古，雕刻之线条极为细密繁缛，柔美异常，印制俱精，为明代佛教版画中难得之精品。

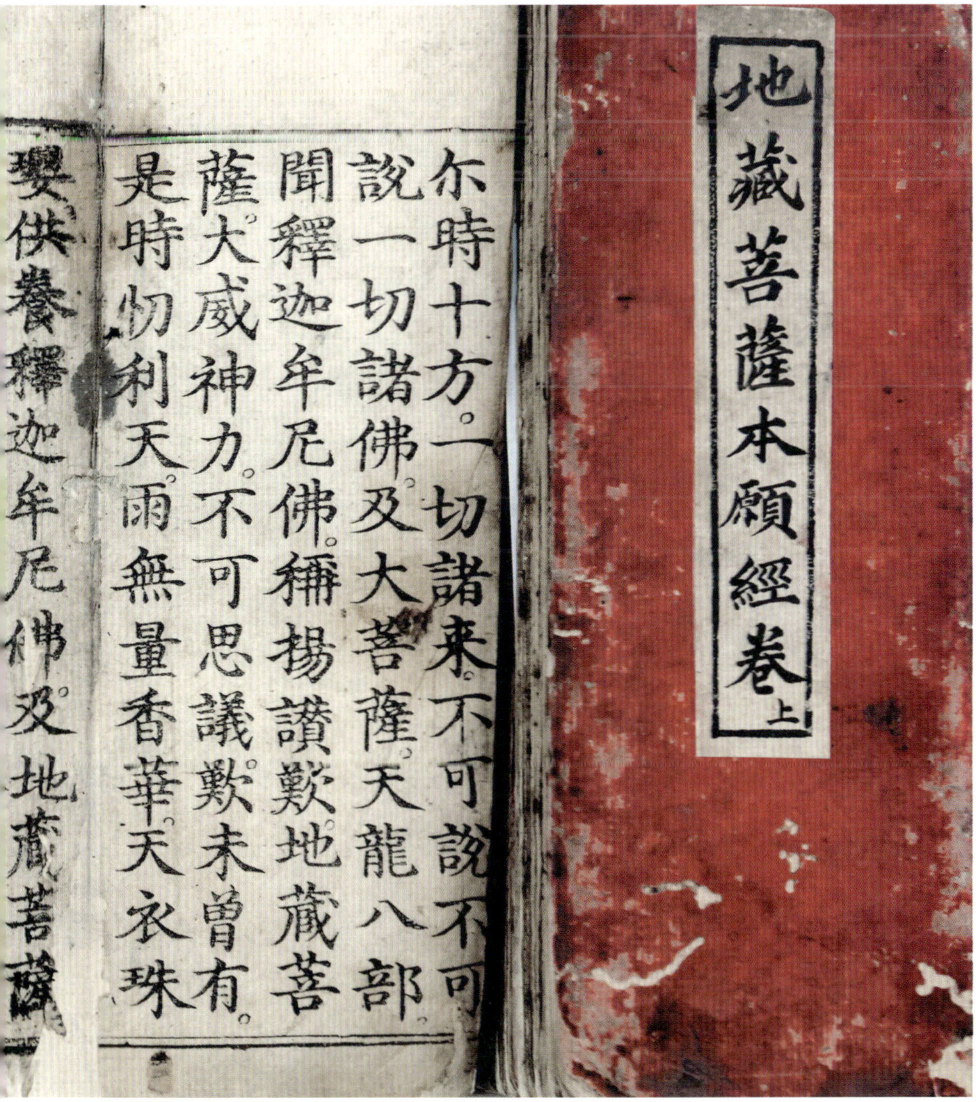

明·隆庆刻本《地藏菩萨本愿经》

三、明万历十九年（1591 年）刻本《地藏菩萨本愿经》

邑报恩寺藏有明万历十九年（1591 年）《地藏菩萨本愿经》一部上、中、下三卷。经折装，半折 5 行，每行 15 字，纵 27 厘米，横 12 厘米。中卷尾题“大明万历十九年岁次辛卯仲春月重刊印”。

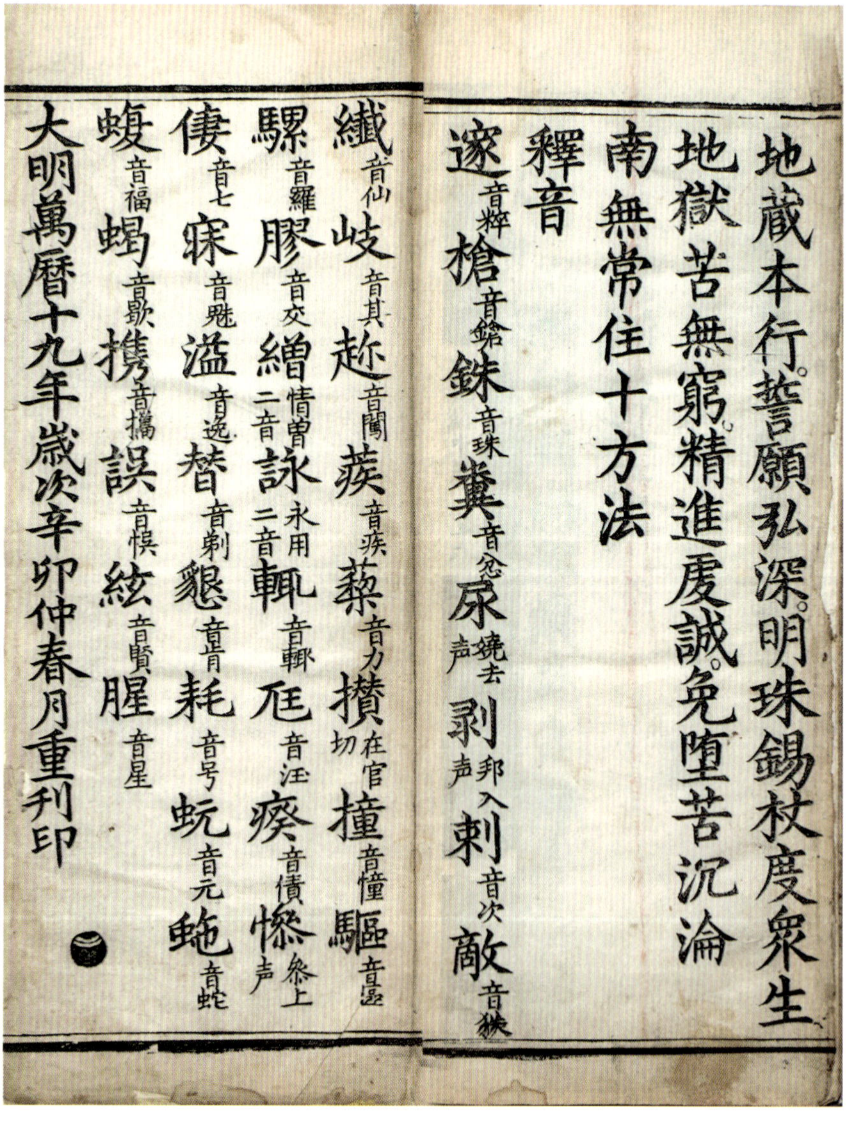
地藏本行。誓願弘深。明珠錫杖度衆生
地獄苦無窮。精進虔誠。免堕苦沉淪
南無常住十方法
釋音
邃音粹 槍音鎗 銖音珠 糞音忿 尿嬈去声 剥邦入声 刺音次 敵音狄
纖音仙 岐音其 趑音闍 蒺音疾 蔾音力 攢在官切 撞音幢 驅音區
騾音羅 膠音交 繒情曾二音 詠永用二音 輒音輙 厓音涯 瘵音債 慘參上声
僂音七 寐音魅 溢音逸 替音剃 懇音肯 耗音号 蚖音元 蛇音蛇
蝮音福 蝎音歇 携音攜 誤音悞 絃音賢 腥音星
大明萬曆十九年歲次辛卯仲春月重刊印

明·万历刻本《地藏菩萨本愿经》

四、明万历三十三年（1605 年）刻本《观世音菩萨普门品》

邑报恩寺藏有明万历刻本《观世音菩萨普门品》一部一卷。经折装，半折 5 行，每行 17 字，纵 28 厘米，横 12.8 厘米，上下双边。题记曰：“大明万历三十三年二月吉日，当今皇帝谨发诚心重刊大字观世音菩萨普门品经，续添大宝楼阁咒等经咒藏圈印造一藏，计五千四十八卷，施舍流通，以此功德专祈眇躬康健，福寿延长，天下大平，臣民乐业。”

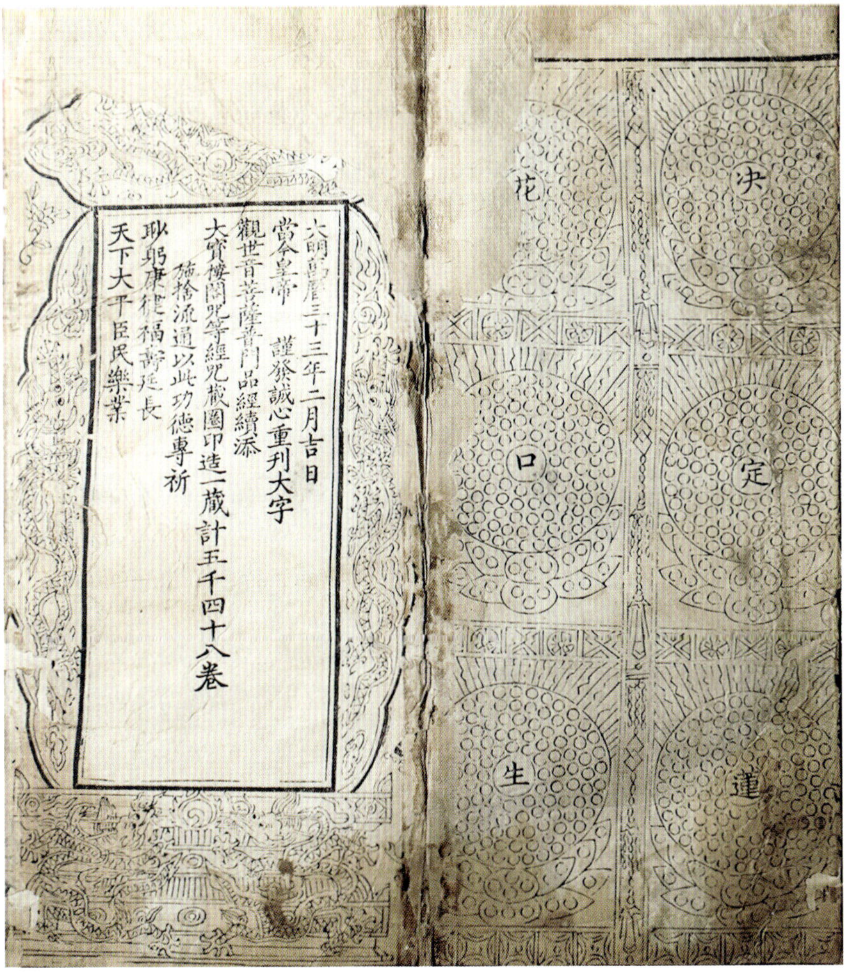

明·万历刻本《观世音菩萨普门品》

五、明万历四十年（1612 年）刻本《大方广佛华严经三昧忏法》

邑报恩寺藏有明万历刻本《大方广佛华严经三昧忏法》两部十三卷。经折装，半折 5 行，每行 15 字，纵 34 厘米，横 12 厘米。卷前有如来说法图，卷后有韦驮菩萨图。卷后有“大明万历壬子秋七月望日肃王命工梓行印造一藏计五千四十八部，每部八卷”之牌记。

明·万历刻本《大方广佛华严经三昧忏法》

大方廣佛華嚴經三昧懺法卷第四

瑞陽蒙山沙門德異集製

能禮所禮性空寂　感應道交空不空

現相應機水中月　為令某甲見神通

同音誦經

夜摩天宮第四會

爾時如来威神力故。十方一切世界。一一四天下南閻浮提及須彌頂上皆見如来處於衆會。彼諸菩薩悉以佛神力故而演說法。莫不自謂恒對於佛。爾時

内页

六、明万历四十三年（1615 年）抄本《妙法莲华经》

此经用上等织五色锦装潢，开本宏阔，纵 27 厘米，横 15 厘米，极为大气华贵。全经所用纸张为明代造纸史上极为重要的高级纸张——羊脑笺。清《西清笔记》云："羊脑笺以宣德瓷青纸为之，以羊脑和顶烟墨，窨藏久之，取以涂纸研光成笺。墨如漆，明如镜。"今观此经用纸，纸张墨黑如漆，光可照人，观其纸背，润如青玉，可知为瓷青纸。此纸常用于内府书写经文，亦可用于绘画、书法。其牌记为"大明国肃府内居奉佛女善人刘氏妙莲发心缮写妙法莲花经一部，上报四恩，下资三有，宫眷咸安，己躬平善者"。明洪武二十五年（1392 年），太祖朱元璋封第十四皇子朱楧为肃庄王，并赐宋本《淳化阁帖》

一部十卷以为传代之宝。明万历四十三年（1615 年），肃宪王命金石篆刻家温如玉、张应召等人将“肃府底本”双钩上石，于天启元年（1621 年）刻竣，世称“肃王府训阁本”。叶德辉《书林清话》曰：“惟诸藩时有佳刻，以其时被赐之书，多为宋元善本，可以翻雕，藩邸王孙又颇好学故也。”所以肃府内多诸家善本典籍。报恩寺所藏《妙法莲华经》抄本，当出自王府，身份高贵，用纸精良。织锦装潢精美，文字皆用泥金写就，笔画舒展，结字峻巧，端庄大方，雍容华贵，极具台阁体貌。是明代佛经抄写本中极为难得的佳品。

明 · 万历抄本《妙法莲华经》

七、明宣德十年（1435 年）抄本《大方广佛华严经》

明宣德十年七月报恩寺僧正安古心和尚施金书写华严大经第七十六卷。此经用泥金书写而成。现藏于天水市博物馆。

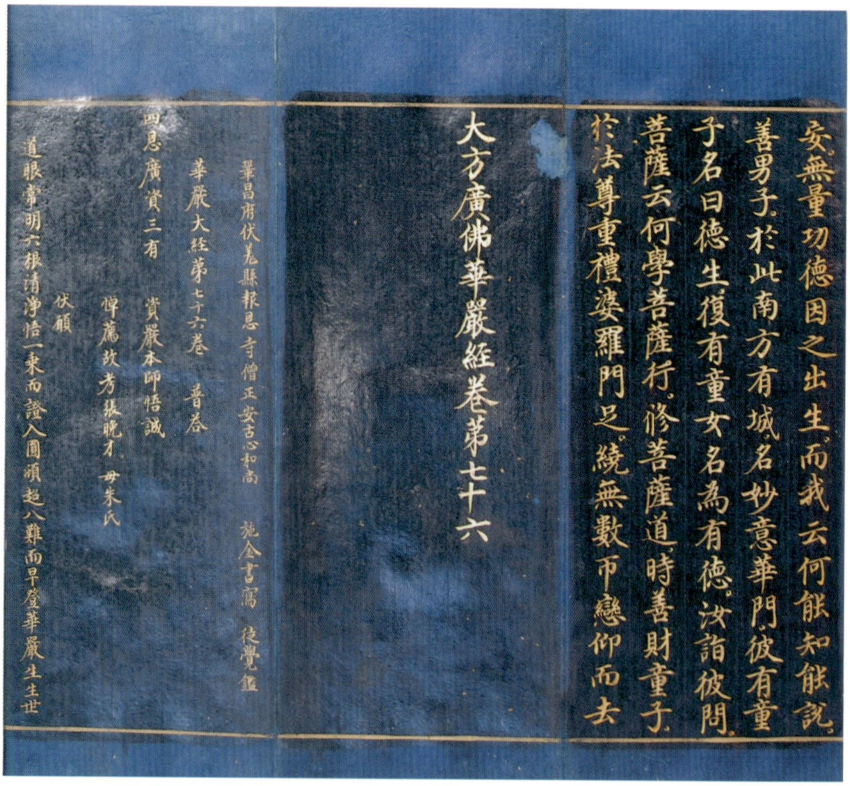

明·宣德抄本《大方广佛华严经》第七十六卷

八、明崇祯十三年（1640 年）伏羌县知事曹大行抄本《大方广佛华严经》

邑报恩寺藏有明崇祯十三年（1640 年）抄本《大方广佛华严经》一部八十卷。经折装，半折 5 行，每行 15 字，纵 27.5 厘米，横 12 厘米。卷后题记为“崇祯十三年余分正月初一黄道开写，文林郎知伏羌县事古澄曹大行录写华严尊经功德已完，应当谨奉一卷”。曹大行为海川贡生，明崇祯时期任伏羌县知县，其间迁文庙、抄佛经，颇有建树。

曹大行所抄《大方广佛华严经》八十卷，抄写规整，全经用小楷抄就，书法用笔匀净娴熟，结体宽绰严谨，是写经书法中的精品。再者以一县之令，在百忙中抄就这样一部卷帙浩繁的典籍，确属难能可贵。

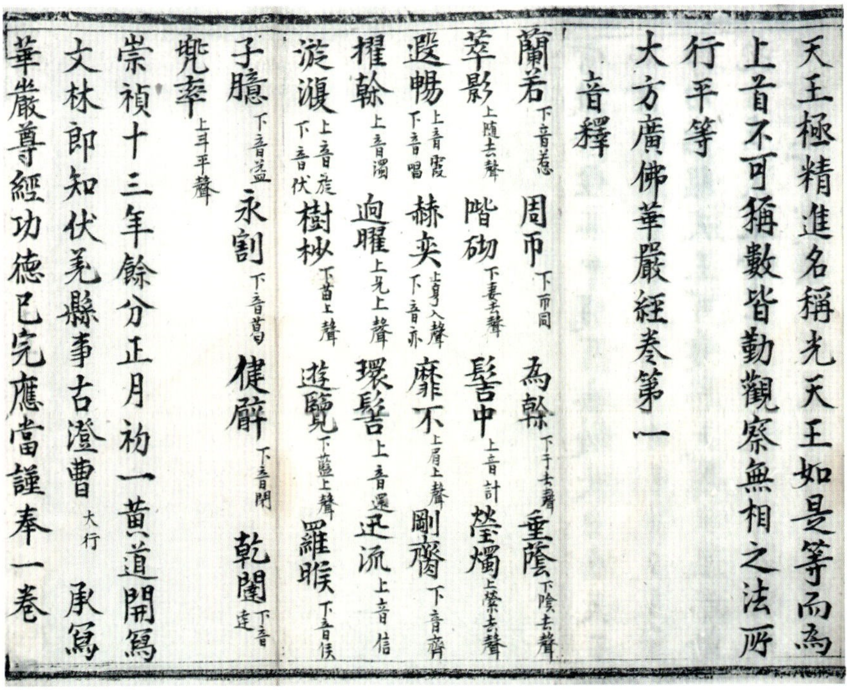
天王極精進名稱光天王如是等而為
上首不可稱數皆勤觀察無相之法所
行平等
大方廣佛華嚴經卷第一
音釋
蘭若 下音惹 周帀 下帀同 為鞞 下于去聲 垂蔭 下陰去聲
萃影 上隨去聲 喈砌 下妻去聲 髻中 上音計 瑩燭 上縈去聲
遐暢 上音霞 下音唱 赫奕 上亨入聲 下音亦 靡不 上眉上聲 剛臍 下音齊
櫂榦 上音濯 迥曜 上兄上聲 環髻 上音還 迅流 上音信
漩澓 上音旋 下音伏 樹杪 下苗上聲 遊覽 下藍上聲 羅睺 下音侯
子瞻 下音盈 永割 下音葛 健辭 下音閑 乾闥 下音達
兜率 上斗平聲
崇禎十三年餘分正月初一黃道開寫
文林郎知伏羌縣事古澄曹大行承寫
華嚴尊經功德已完應當謹奉一卷

明·崇祯抄本《大方广佛华严经》

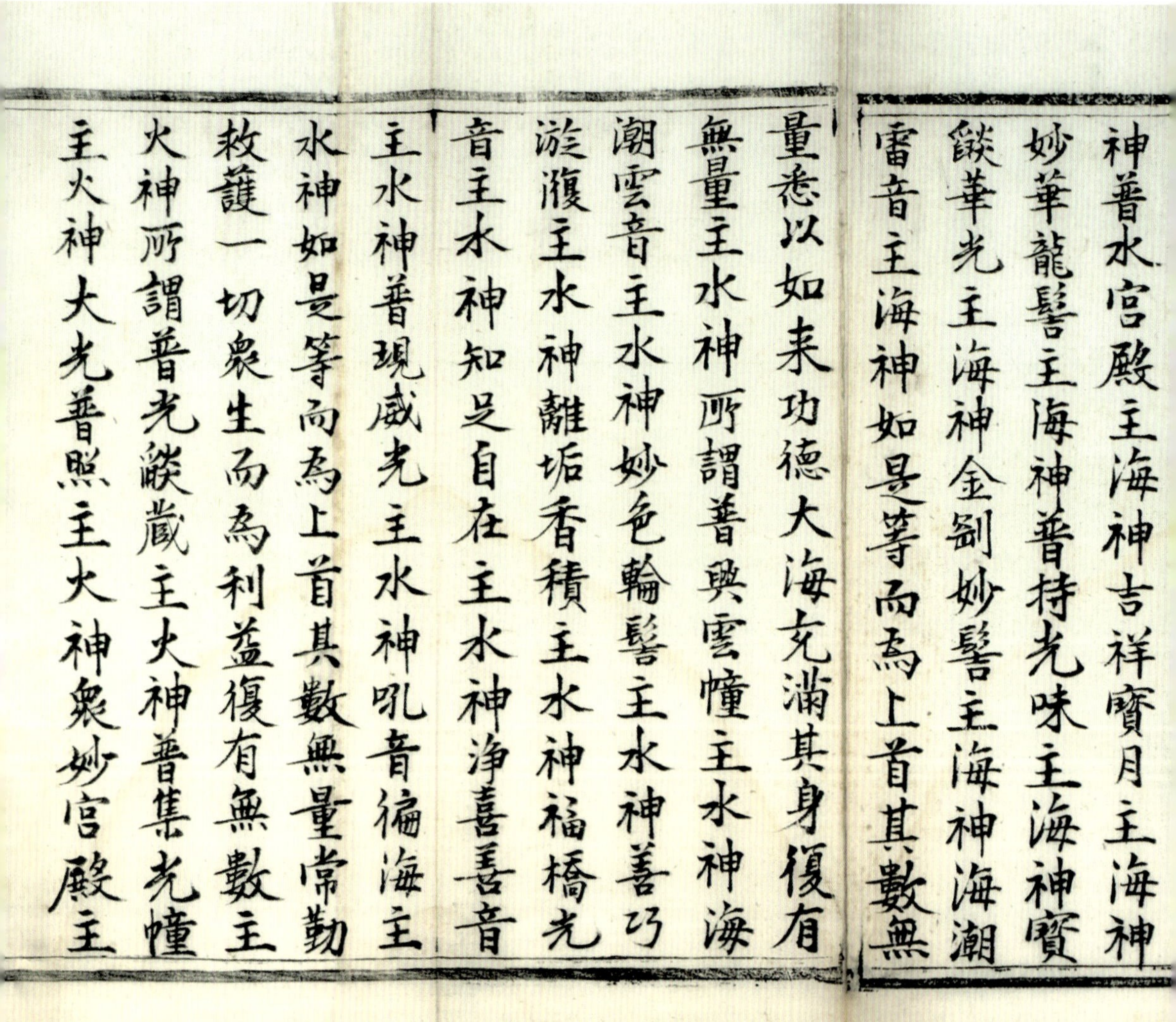
神普水宫殿主海神吉祥寶月主海神
妙華龍髻主海神普持光味主海神寶
燄華光主海神金剛妙髻主海神海潮
雷音主海神如是等而為上首其數無
量悉以如来功德大海充滿其身復有
無量主水神所謂普興雲幢主水神海
潮雲音主水神妙色輪髻主水神善巧
漩澓主水神離垢香積主水神福橋光
音主水神知足自在主水神淨喜善音
主水神普現威光主水神吼音徧海主
水神如是等而為上首其數無量常勤
救護一切衆生而為利益復有無數主
火神所謂普光燄藏主火神普集光幢
主火神大光普照主火神衆妙宫殿主

内页局部

為上首其數無量性皆離垢仁慈祐物
復有無量主稼神所謂柔軟勝味主稼
神時華淨光主稼神色力勇健主稼神
增長精氣主稼神普生根果主稼神妙
嚴環髻主稼神潤澤淨華主稼神成就
妙香主稼神見者愛樂主稼神離垢淨
光主稼神如是等而為上首其數無量
莫不皆得大喜成就復有無量主河神
所謂普發迅流主河神普潔泉澗主河
神離塵淨眼主河神十方徧吼主河神
救護衆生主河神無熱淨光主河神普
生歡喜主河神廣德勝幢主河神光照
普世主河神海德光明主河神如是等
而為上首有無量數皆勤作意利益衆

清代木刻及手抄本

一、清康熙二十年（1681 年）刻本《药师琉璃光如来本愿功德经卷》

邑报恩寺藏有清康熙二十年（1681 年）刻本《药师琉璃光如来本愿功德经卷》一卷。经折装，半折 5 行，每行 15 字，纵 25 厘米，横 10 厘米。卷尾题“奉佛弟子陈振宗发心敬造……康熙辛酉年长夏之吉 印施流通。弟子体纯。古杭玛瑙西房仰山印造”。

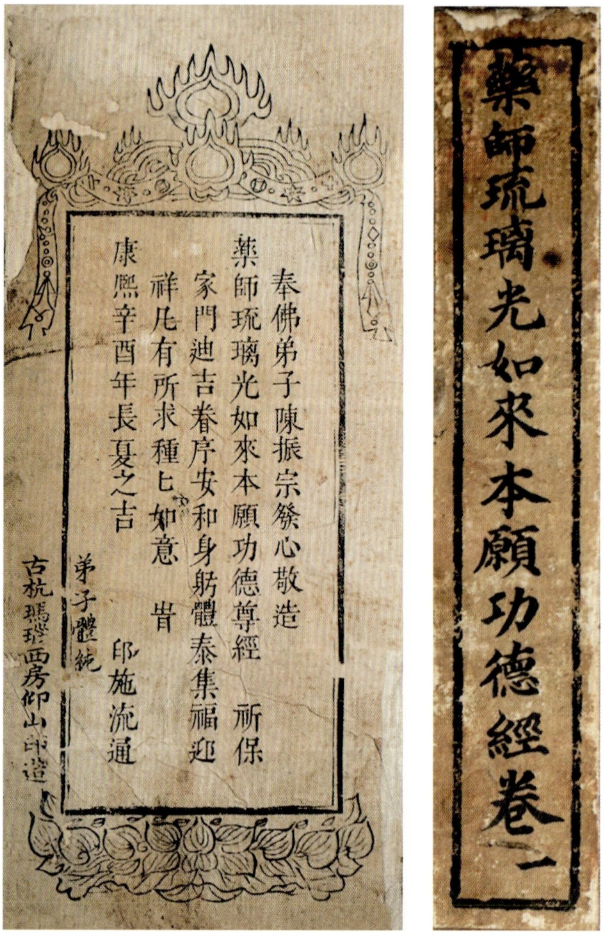

清·康熙刻本《药师琉璃光如来本愿功德经卷》

二、清康熙二十八年（1689 年）刻本《慈悲三昧水忏卷法》

邑报恩寺藏有清康熙二十八年（1689 年）刻本《慈悲三昧水忏卷法》上、中、下三卷（四套共十二卷）。经折装，半折 5 行，每行 15 字，纵 24 厘米，横 10.5 厘米。卷尾题“康熙二十八年己巳季冬吉旦造，铁笔胥福安、马如记等梓”。

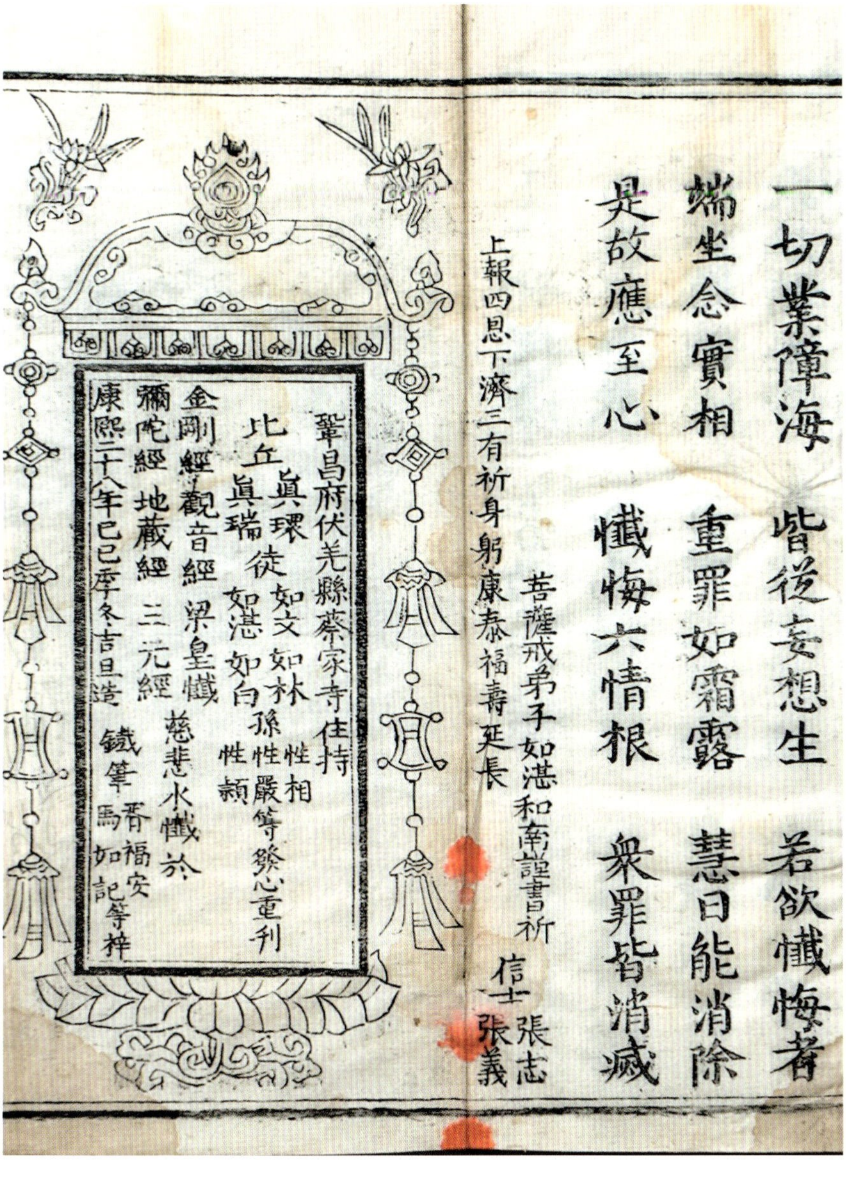
一切業障海 皆從妄想生 若欲懺悔者
端坐念實相 重罪如霜露 慧日能消除
是故應至心 懺悔六情根 衆罪皆消滅
上報四恩下濟三有祈身躬康泰福壽延長
菩薩戒弟子如湛和南謹書祈
信士 張志 張義
鞏昌府伏羌縣蔡家寺住持
比丘 眞環 徒 如文 如林 孫 性相 性嚴等發心重刊
眞瑞 徒 如湛 如白 性 性穎
金剛經 觀音經 梁皇懺 慈悲水懺於
彌陀經 地藏經 三元經
康熙二十八年己巳季冬吉旦造 鐵筆胥福安 馬如記等梓

清·康熙刻本《慈悲三昧水忏卷法》

三、清康熙三十年（1691 年）刻本《妙法莲华普门品经》

经折装，半折 4 行，每行 11 字，纵 26.5 厘米，横 12 厘米。卷尾题“昔有嘉靖三年本县本里唐经男福缘刊板印造，自今赵一文依样刊行。康熙三十年二月十九日吉时成功”。

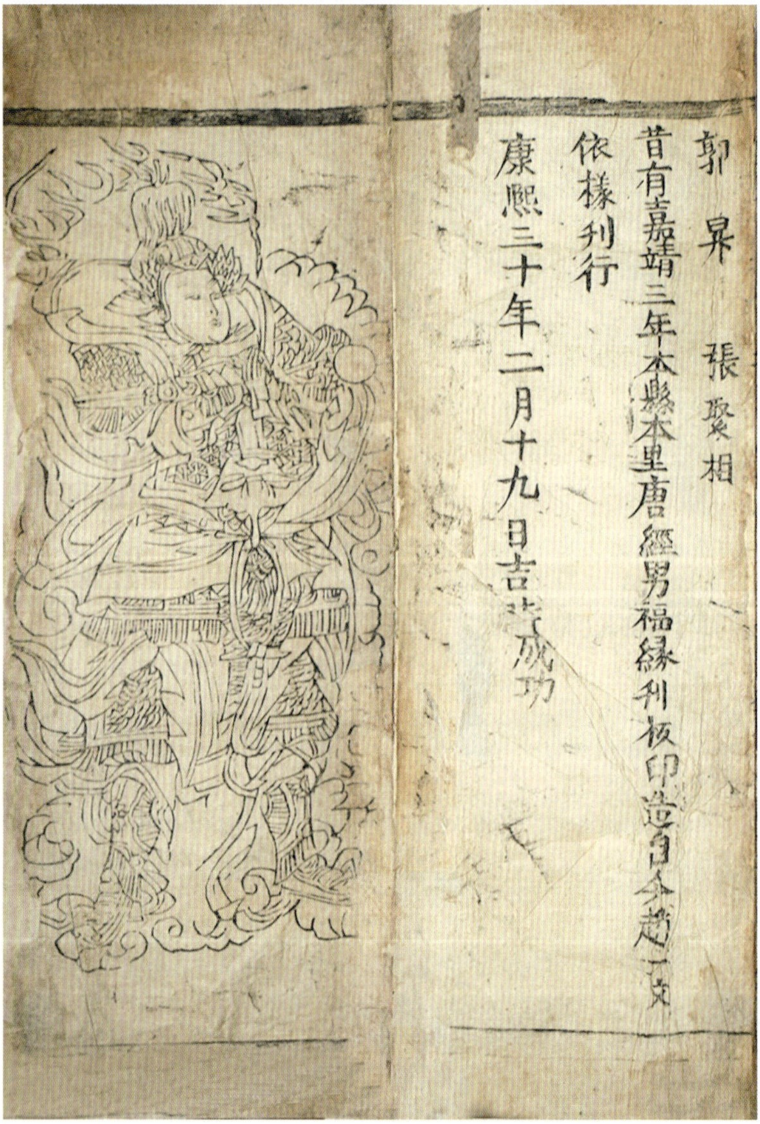

清·康熙刻本《妙法莲华普门品经》

四、清嘉庆二十五年（1820 年）刻本《金刚般若波罗蜜经》

邑报恩寺藏有清嘉庆二十五年（1820 年）刻本《金刚般若波罗蜜经》一卷。经折装，半折 5 行，每行 15 字，纵 24 厘米，横 11 厘米。卷尾题“嘉庆二十五年岁次庚辰初冬吉日，信官福珠隆阿为母病诚造金刚经一百部，布在丛林，以备讽诵，祈保老母身体康健，福寿双全，一家吉祥，诸事如意。板存五泉燃灯寺”。

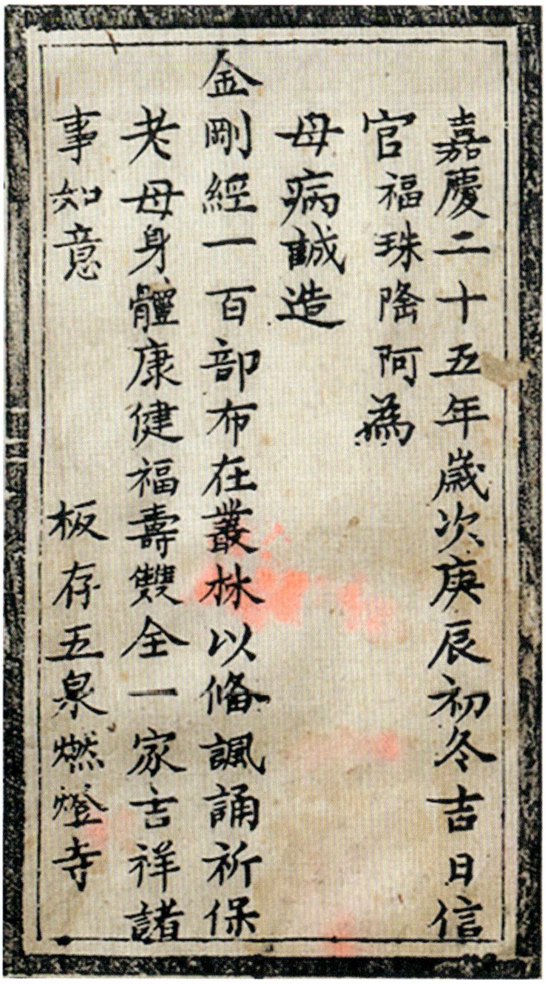
嘉慶二十五年歲次庚辰初冬吉日信
官福珠隆阿為
母病誠造
金剛經一百部布在叢林以備諷誦祈保
老母身體康健福壽雙全一家吉祥諸
事如意
板存五泉燃燈寺

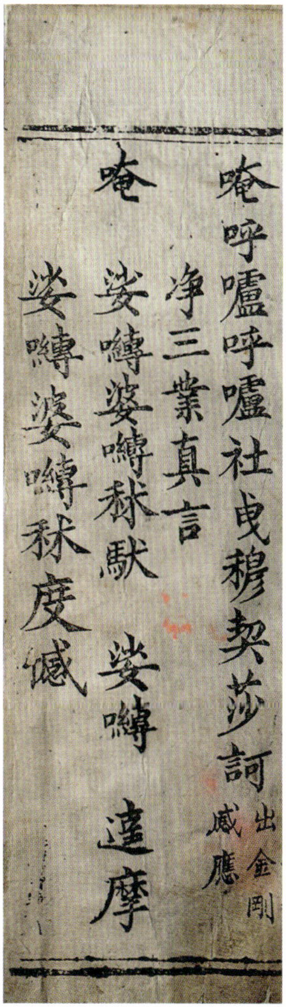
唵呼嚧呼嚧社曳穆契莎訶 出金剛感應
淨三業真言
唵 娑嚩娑嚩秫馱 娑嚩 達摩
娑嚩娑嚩秫度憾

清·嘉庆刻本《金刚般若波罗蜜经》

五、清道光二十六年（1846 年）抄本《豫告规目》

邑报恩寺藏有清道光二十六年（1846 年）抄本《豫告规目》一部。线装本，每页 6 行，每行 17 字，纵 20 厘米，横 13.2 厘米。卷尾题“道光二十六年岁次丙午闰五下浣之吉，伏羌县报恩寺东禅院大戒比丘弟子普济沐手敬篆，普延发心修置”。

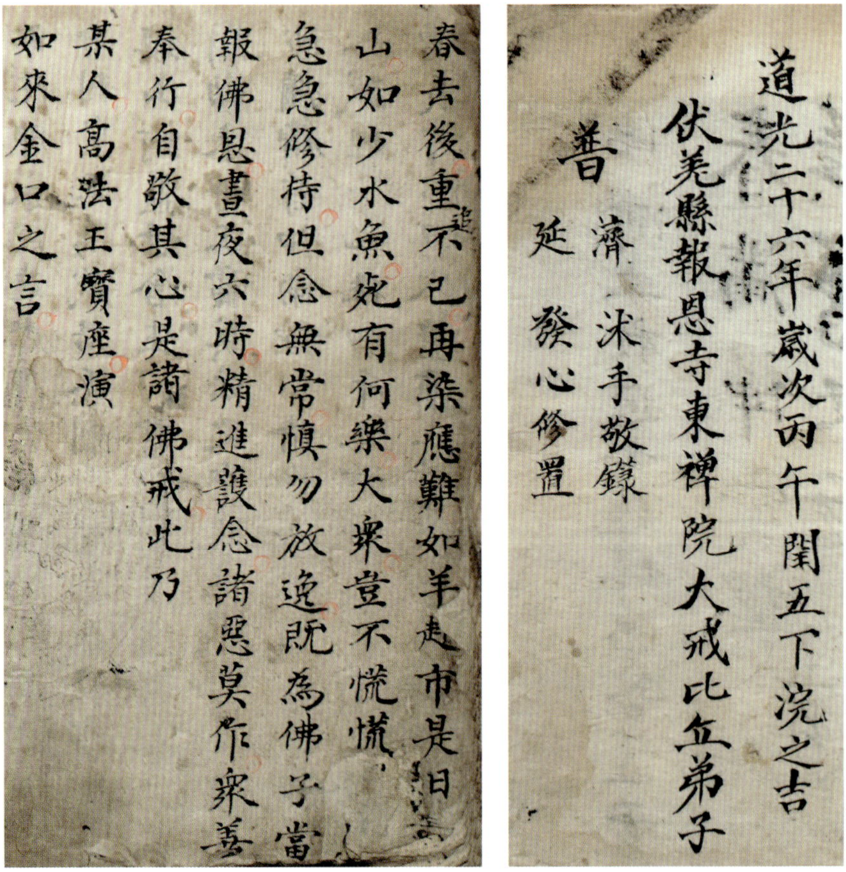
道光二十六年歲次丙午閏五下浣之吉
伏羌縣報恩寺東禪院大戒比丘弟子
普濟沐手敬錄
延發心修置

春去後重不已再染應難如羊走市是日
山如少水魚死有何樂大衆豈不慌慌
急急修持但念無常慎勿放逸既為佛子當
報佛恩晝夜六時精進護念諸惡莫作衆善
奉行自敬其心是諸佛戒此乃
某人高法王寶座演
如來金口之言

清·道光抄本《豫告规目》

六、清咸丰二年（1852 年）抄本《施食焰口》

邑报恩寺藏有清咸丰二年（1852 年）抄本《施食焰口》一部。该经由雨花台住持通畅抄写，字体端庄方正，尽呈大德之诚。

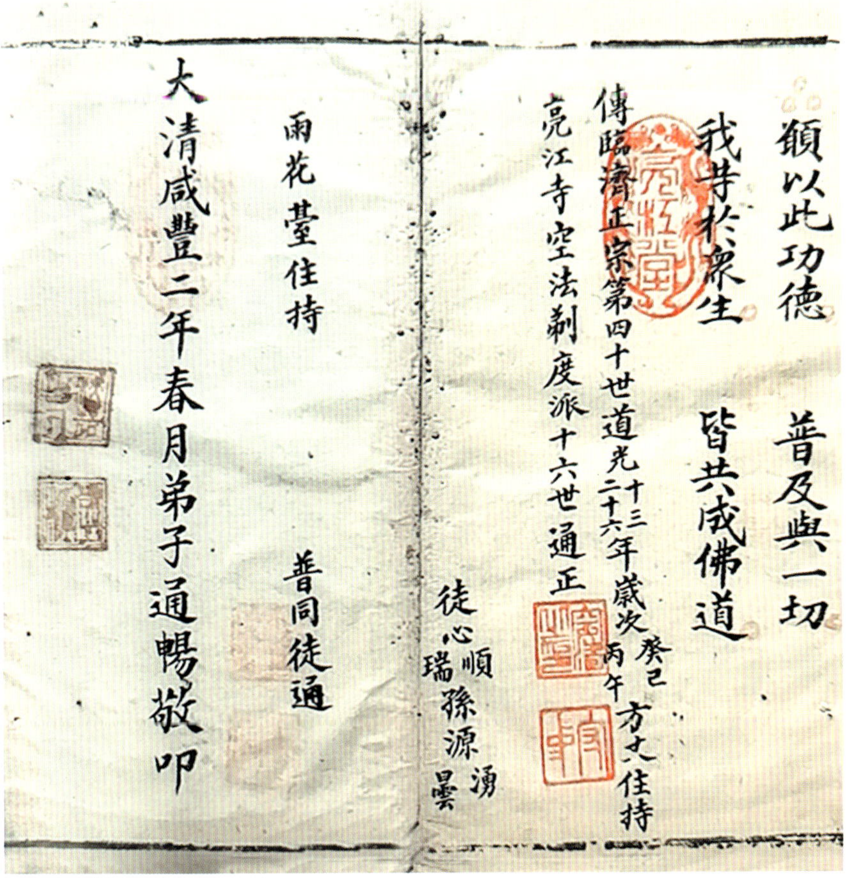
願以此功德　普及與一切
我等於衆生　皆共成佛道
傳臨濟正宗第四十世道光十三二十六年歲次癸巳丙午方丈住持
亮江寺空法剃度派十六世通正
徒心順　孫源湧　瑞曇
雨花臺住持　普同徒通
大清咸豐二年春月弟子通暢敬叩

清·咸丰抄本《施食焰口》

七、清光绪二十五年（1899 年）抄本《慈悲七佛宝忏仪》

邑报恩寺藏有清光绪二十五年（1899 年）抄本《慈悲七佛宝忏仪》全卷。经折装，半折 4 行，每行 10 字，纵 22.5 厘米，横 11 厘米。卷尾题“岁次光绪己亥拾月十五日，东禅院静清目箓，沙弥弟子源深，徒广福”。

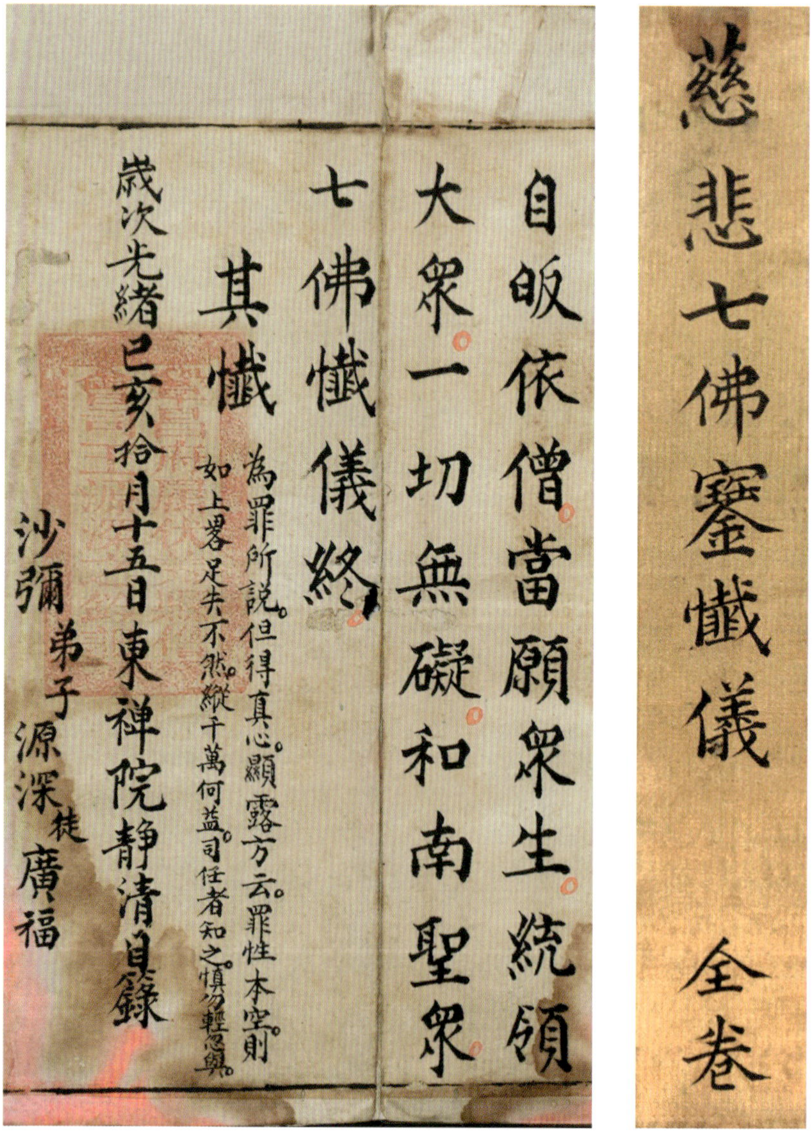
慈悲七佛寶懺儀　全卷

自皈依僧。當願衆生。統領大衆。一切無礙。和南聖衆。

七佛懺儀終

其懺為罪所說。但得真心。顯露方云。罪性本空前如上畧足矣。不然。縱千萬何益。司任者知之。慎勿輕忽與

歲次光緒己亥拾月十五日東禪院靜清目錄

沙彌弟子源深徒廣福

清·光绪抄本《慈悲七佛宝忏仪》

八、清光绪二十六年（1900 年）抄本《慈悲弥陀法忏》

邑报恩寺藏有清光绪二十六年（1900 年）抄本《慈悲弥陀法忏》全卷。经折装，半折 4 行，每行 14 字，纵 23 厘米，横 11 厘米。卷尾题“光绪庚子年二月拾六日写完，东禅院沙弥弟子源深字净清书，徒广福”。

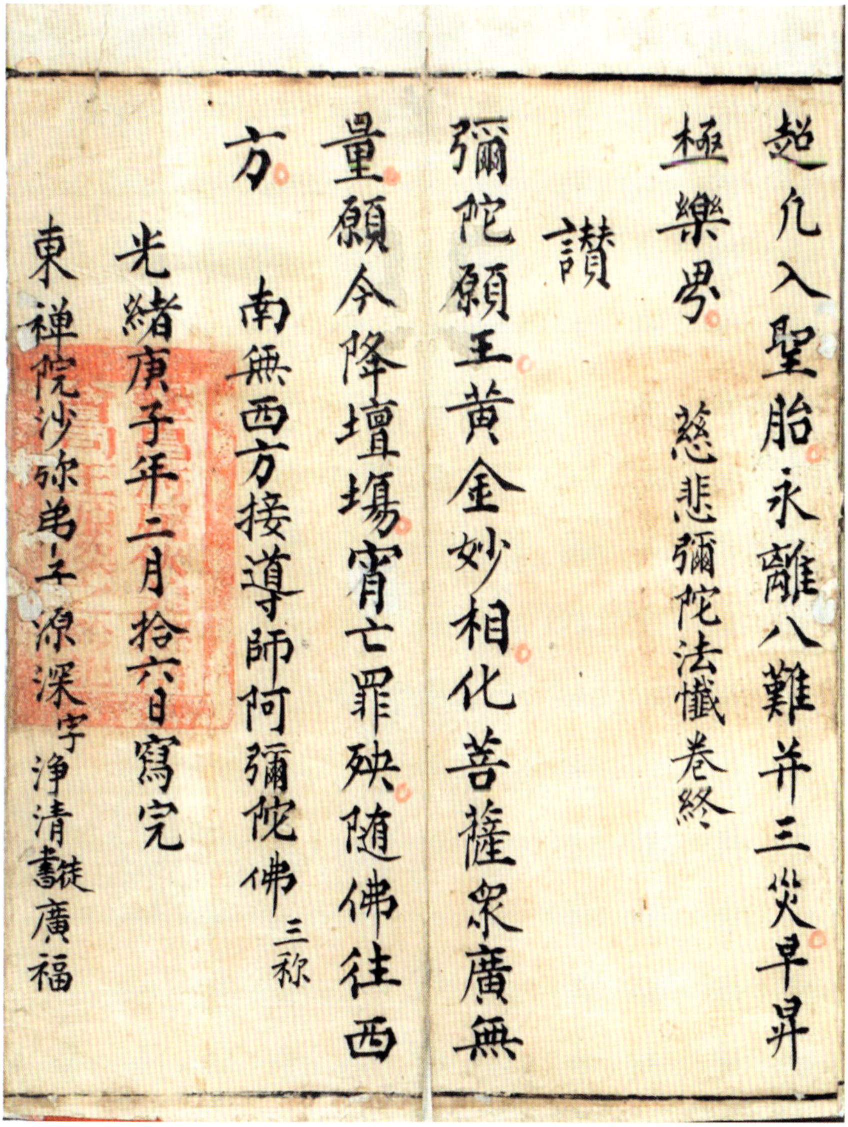
超凡入聖胎永離八難并三災早昇
極樂界 慈悲彌陀法懺卷終
讚
彌陀願王黄金妙相化菩薩衆廣無
量願令降壇場宵亡罪殃隨佛往西
方 南無西方接導師阿彌陀佛 三称
光緒庚子年二月拾六日寫完
東禪院沙弥弟子源深字淨清書徒廣福

清·光绪抄本《慈悲弥陀法忏》

九、清光绪二十六年（1900 年）抄本《佛说阿弥陀经》

邑报恩寺藏有清光绪二十六年（1900 年）抄本《佛说阿弥陀经》一卷。经折装，半折 4 行，每行 10 字，纵 22.5 厘米，横 11 厘米。卷尾题“大清光绪二拾六年二月三十日写全。报恩寺沙弥弟子魏心田、邵心远、赵源中、魏源泰。王源深，字静清，号悟云子，再笔敬书，徒广福”。

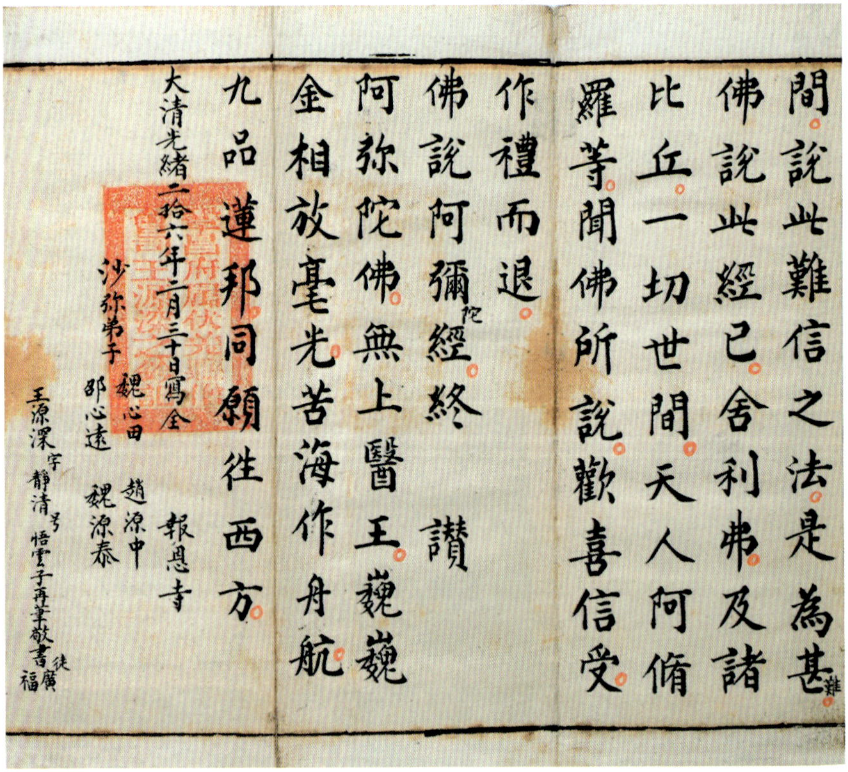

聞說此難信之法是為甚難
佛說此經已舍利弗及諸
比丘一切世間天人阿脩
羅等聞佛所說歡喜信受
作禮而退
佛說阿彌陀經終
讚
阿弥陀佛無上醫王巍巍
金相放毫光苦海作舟航
九品蓮邦同願往西方
大清光緒二拾六年二月三十日寫全
報恩寺
沙弥弟子 魏心田 邵心遠 趙源中 魏源泰
王源深字静清号悟雲子再筆敬書 徒廣福

清·光绪抄本《佛说阿弥陀经》

十、清光绪二十六年（1900 年）抄本《慈悲弥陀法忏》

邑报恩寺藏有清光绪二十六年（1900 年）抄本《慈悲弥陀法忏》全卷。经折装，半折 5 行，每行 12 字，纵 23 厘米，横 11 厘米。卷尾题“大清光绪庚子清和月，报恩寺住持邵心远，僧源中、源泰，关帝庙僧心田，后学沙弥源深字静清书，徒广福”。

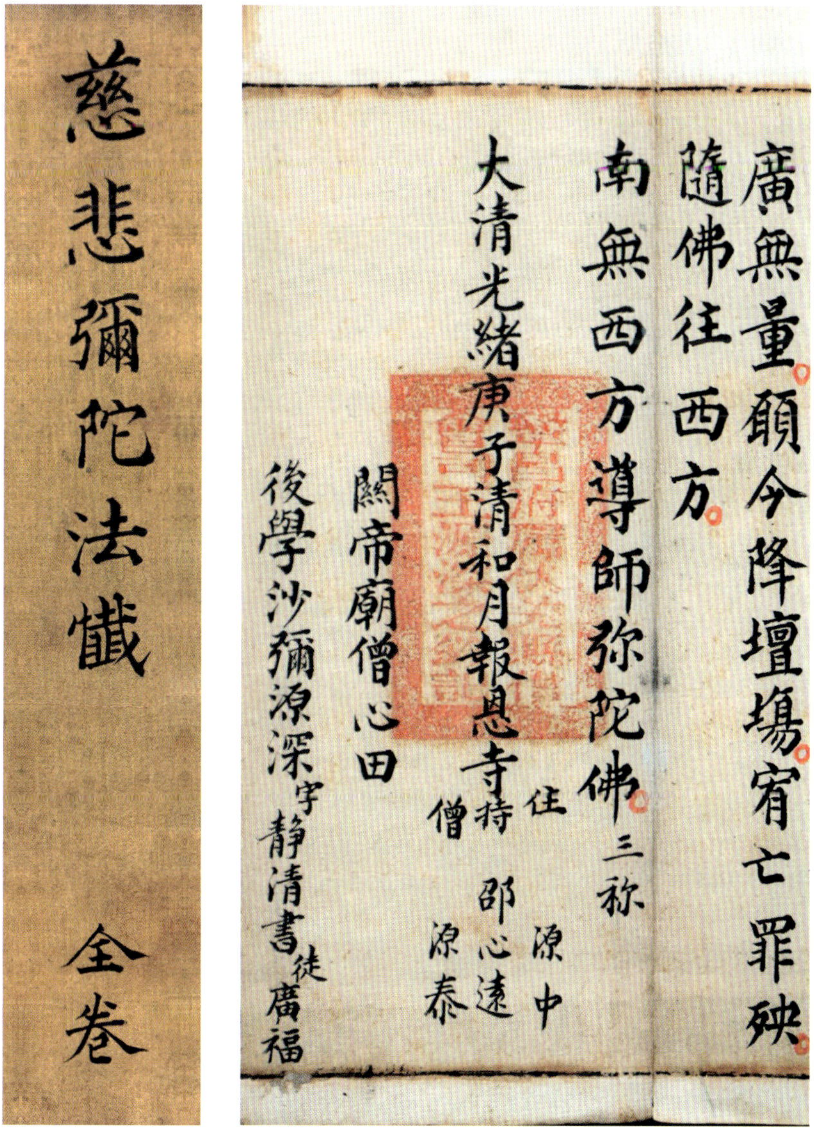

清·光绪抄本《慈悲弥陀法忏》

十一、清光绪二十六年（1900 年）抄本《慈悲七佛宝忏》

邑报恩寺藏有清光绪二十六年（1900 年）抄本《慈悲七佛宝忏》全卷。经折装，半折 5 行，每行 12 字，纵 22.5 厘米，横 11 厘米。卷尾题“光绪庚子清和月，源深目录”。

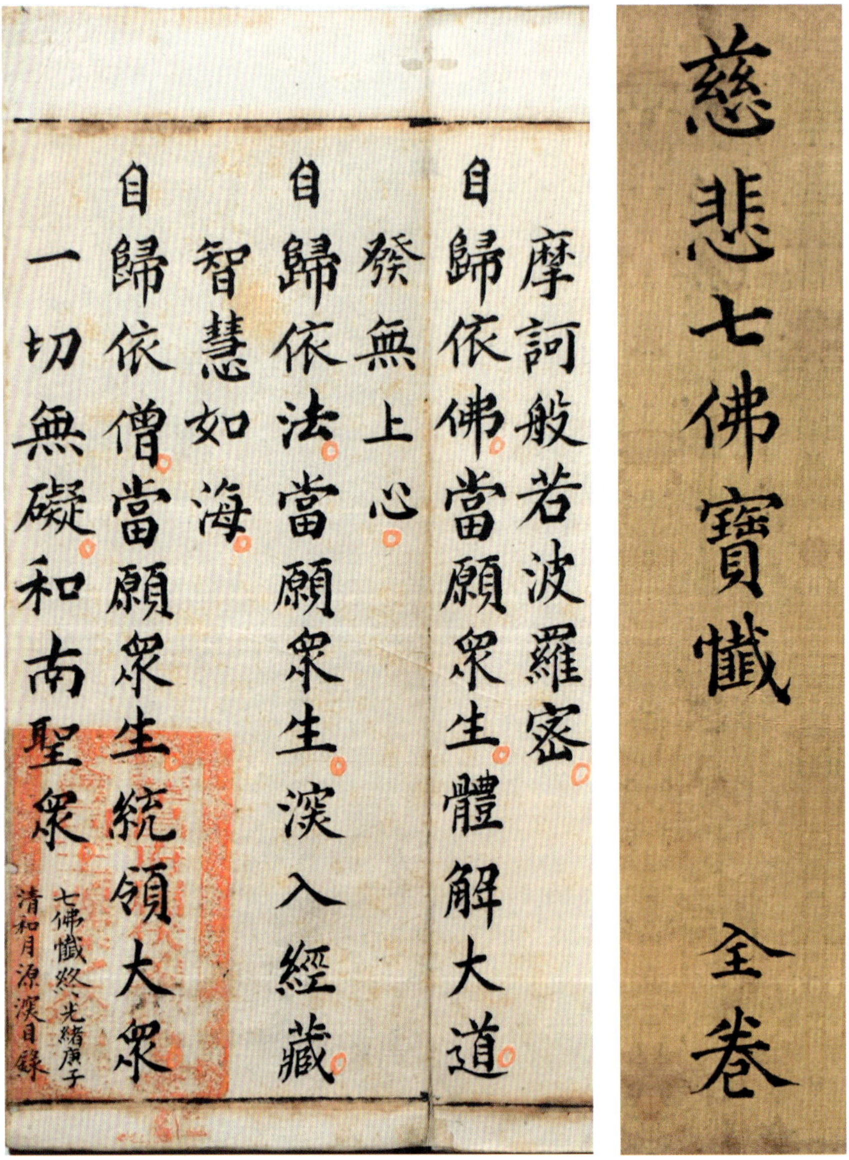
慈悲七佛寶懺
全卷

摩訶般若波羅密
自歸依佛當願衆生體解大道
發無上心
自歸依法當願衆生深入經藏
智慧如海
自歸依僧當願衆生統領大衆
一切無礙和南聖衆
七佛懺終光緒庚子
清和月源深目録

清·光绪抄本《慈悲七佛宝忏》

十二、清光绪二十六年（1900 年）抄本《慈悲七佛弥陀道场忏法科》

邑报恩寺藏有清光绪二十六年（1900 年）抄本《慈悲七佛弥陀道场忏法科》全卷。经折装，半折 4 行，每行 14 字，纵 22.5 厘米，横 11 厘米。卷尾题“时光绪二拾六年桃月，传临济正宗第四拾世，伏羌县报恩寺关帝庙住院僧心田、心远，侄徒源中、源泰、源静，后学沙弥源深字静清敬录，徒广福”。

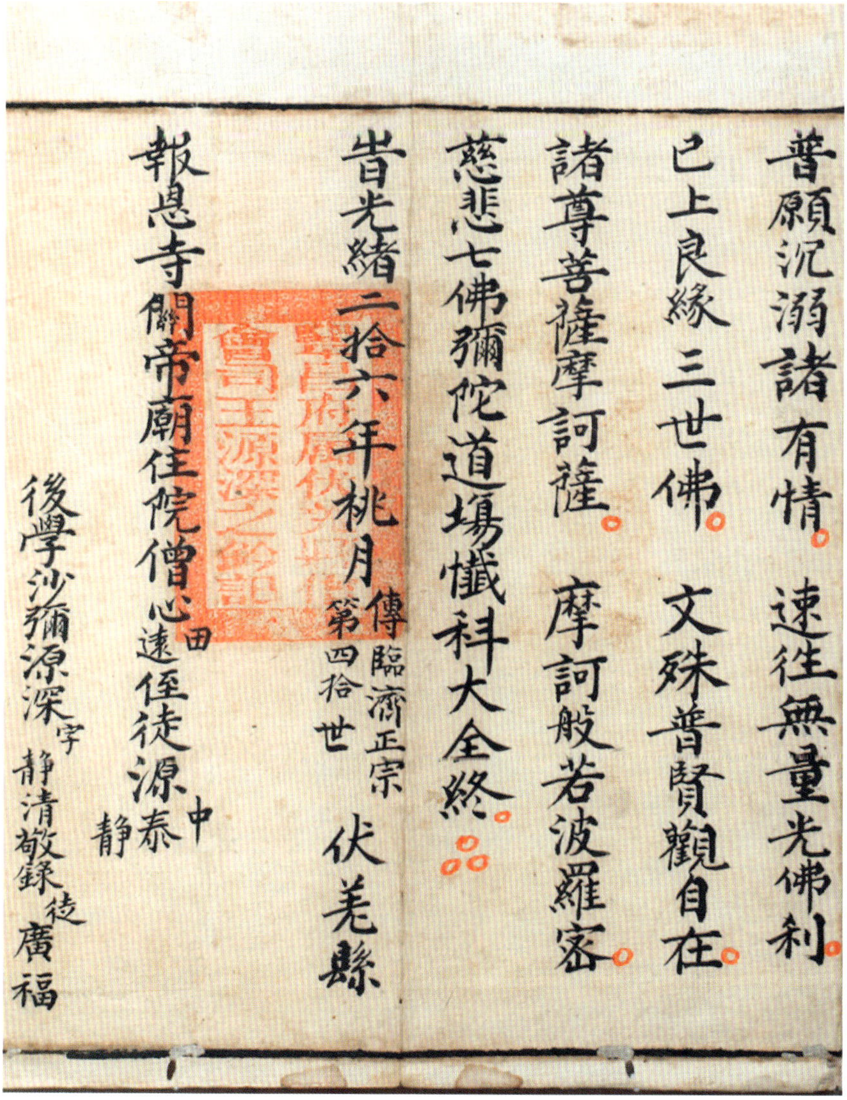
普願沉溺諸有情 速往無量光佛刹
已上良緣三世佛 文殊普賢觀自在
諸尊菩薩摩訶薩 摩訶般若波羅密
慈悲七佛彌陀道場懺科大全終
旹光緒二拾六年桃月 傳臨濟正宗第四拾世 伏羌縣
報恩寺關帝廟住院僧心田 心遠 侄徒源中 源泰 静
後學沙彌源深字静清敬錄 徒廣福

清·光绪抄本《慈悲七佛弥陀道场忏法科》

十三、清光绪二十九年（1903 年）源深抄本《瑜伽焰口法食》

邑报恩寺藏有清光绪二十九年（1903 年）抄本《瑜伽焰口法食》一部上、下二卷。庠员孙焕先画手印。经折装，半折 6 行，每行 17 字，纵 26.5 厘米，横 19 厘米。手印绘制精美，流传有序。源深法师在清末荣任伏羌县僧会、司僧会报恩寺住持。民国十四年（1915 年）又抄录《慈悲水忏》上、中、下三卷。

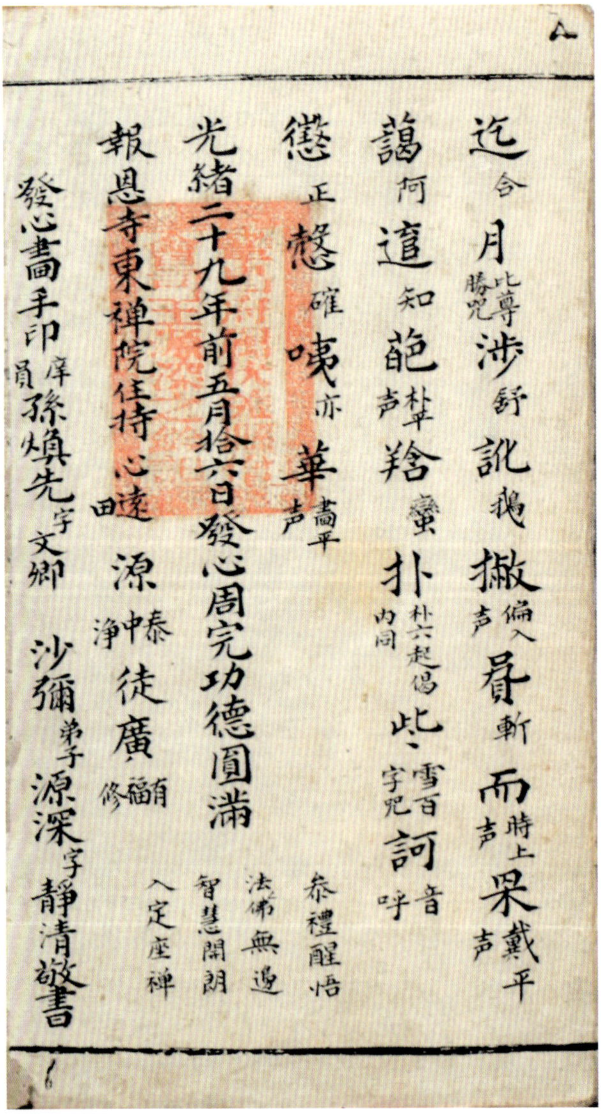

清·光绪抄本《瑜伽焰口法食》

民国手抄本

一、民国元年（1912 年）抄本《药师琉璃光如来》

邑报恩寺藏有民国元年（1912 年）抄本《药师琉璃光如来》经一卷。经折装，半折 5 行，每行 15 字，纵 23 厘米，横 8.5 厘米。卷尾题“中华民国元年旧历七月十七日，伏邑报恩寺比丘、僧会司源深敬书”。

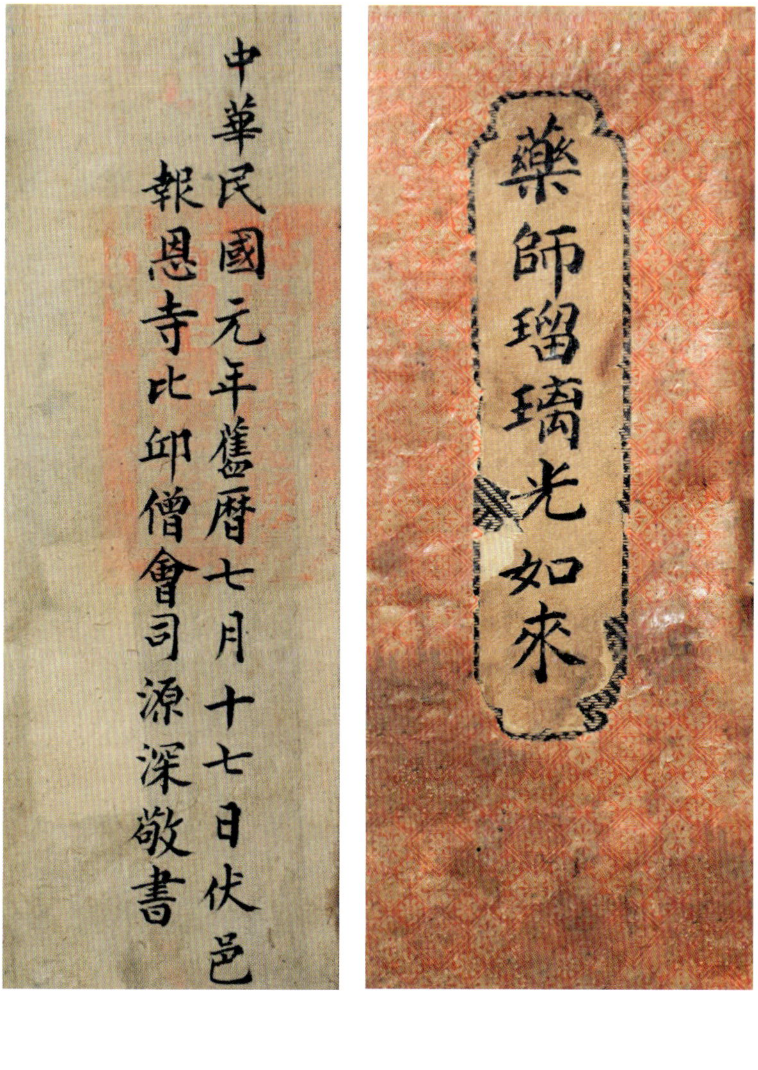

民国元年抄本《药师琉璃光如来》

二、民国三年（1914 年）抄本《地藏菩萨本愿经》

邑报恩寺藏有民国三年（1914年）抄本《地藏菩萨本愿经》上、中、下三卷，两部共六卷。经折装，半折5行，每行16字，纵31厘米，横11.5厘米。卷尾题“中华民国三年阴历六月廿四日，伏邑报恩寺比丘，僧会司源深，徒广福、广勤，孙续空。敬书于地藏经下卷周圆”。

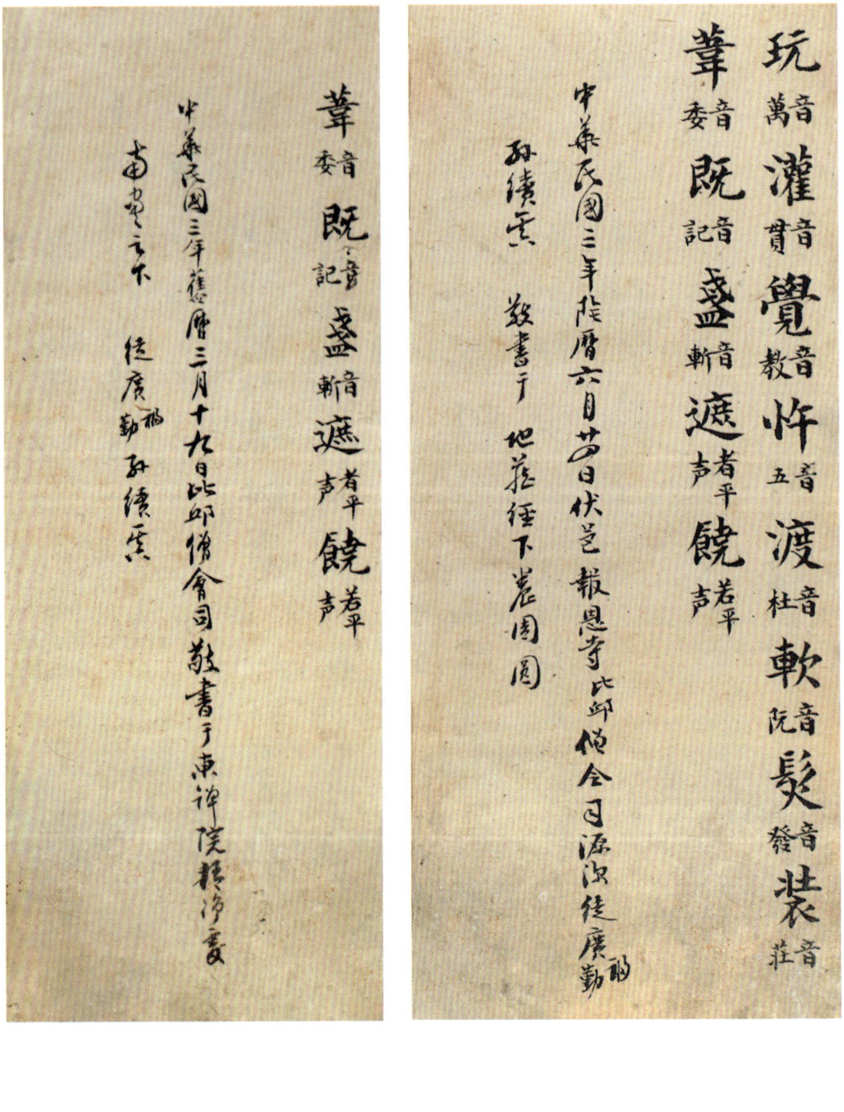

民国三年抄本《地藏菩萨本愿经》

三、民国十一年（1922 年）抄本《妙法莲华经信解品第四》

邑报恩寺藏有民国十一年（1922 年）何鸿吉抄本《妙法莲华经信解品第四》一卷。经折本，半折 5 行，每行 15 字，纵 27 厘米，横 13.5 厘米。民国二十三年（1934 年），甘谷报恩寺成立甘谷佛教会居士功德林，何鸿吉当选副林长兼佛学导师。民国二十四年（1935 年），何鸿吉被甘肃学院（今兰州大学）聘为教授，并当选为陇南佛教会常务委员。何鸿吉一生以教育为己任，淡泊名利，人品高洁。在其担任佛学导师期间，经常在报恩寺举办佛学讲座，劝导世人学佛，在当时甘谷佛教界和文化界掀起了一股学佛热，影响深远，时人称为“何佛爷”。何精于书法，书作浑厚朴拙，大气磅礴，于诵经礼佛之暇，常为乡人书写字画，乡人得其墨迹视为祥物。此写本能珍藏流传于今，实属难得。

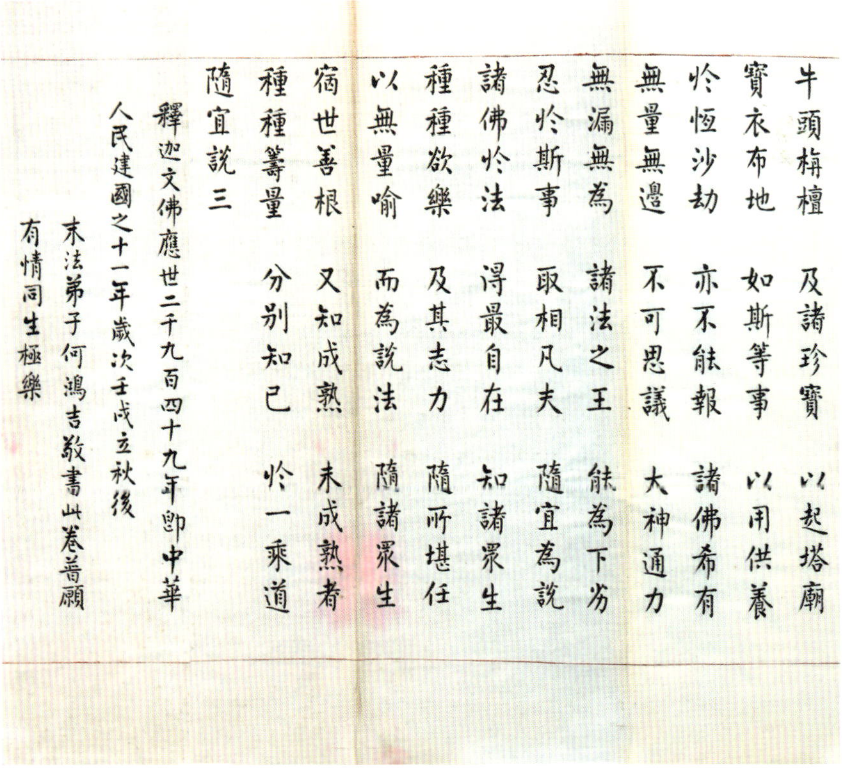
牛頭栴檀　及諸珍寶　以起塔廟
寶衣布地　如斯等事　以用供養
於恒沙劫　亦不能報　諸佛希有
無量無邊　不可思議　大神通力
無漏無為　諸法之王　能為下劣
忍於斯事　取相凡夫　隨宜為說
諸佛於法　得最自在　知諸眾生
種種欲樂　及其志力　隨所堪任
以無量喻　而為說法　隨諸眾生
宿世善根　又知成熟　未成熟者
種種籌量　分別知已　於一乘道
隨宜說三
釋迦文佛應世二千九百四十九年即中華
人民建國之十一年歲次壬戌立秋後
末法弟子何鴻吉敬書此卷普願
有情同生極樂

民国十一年抄本《妙法莲华经信解品第四》

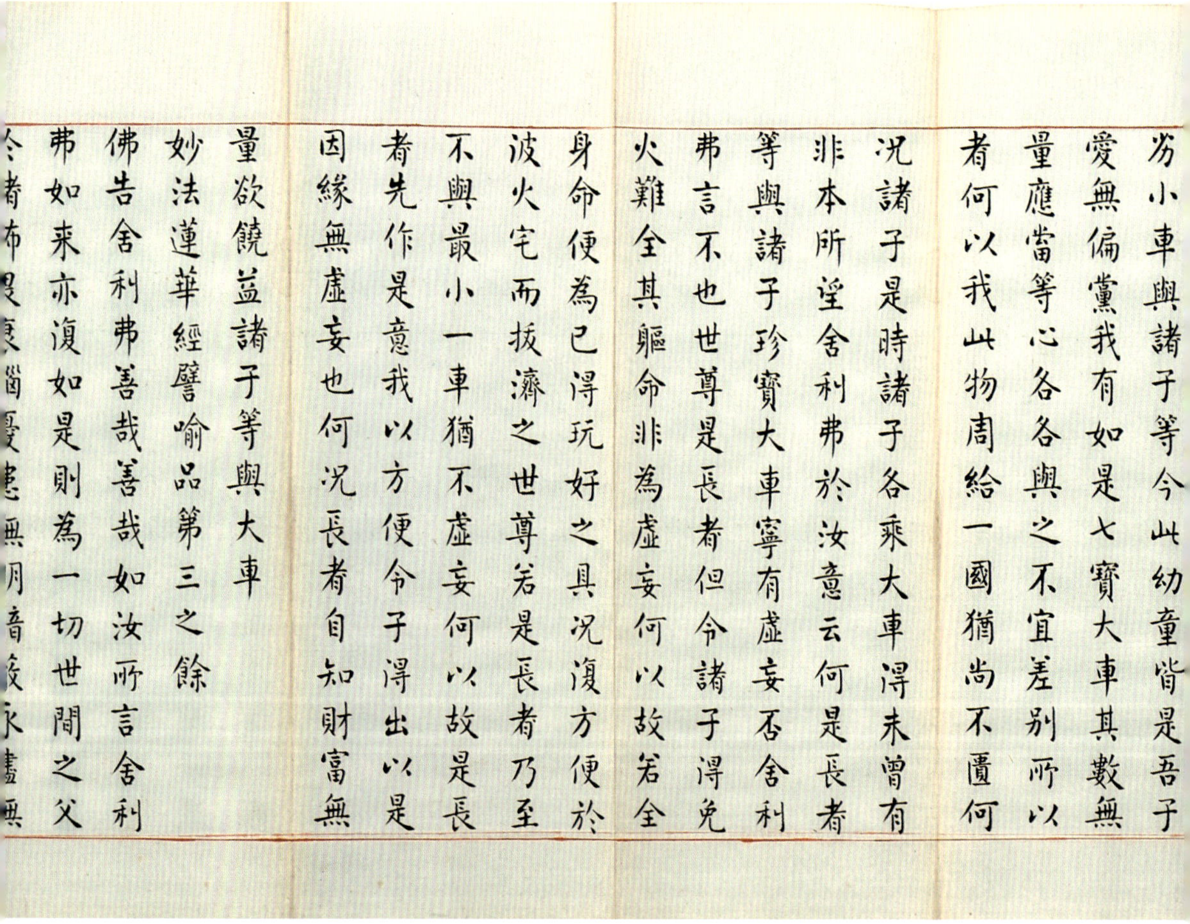
劣小車與諸子等今此幼童皆是吾子
愛無偏黨我有如是七寶大車其數無
量應當等心各各與之不宜差別所以
者何以我此物周給一國猶尚不匱何
況諸子是時諸子各乘大車得未曾有
非本所望舍利弗於汝意云何是長者
等與諸子珍寶大車寧有虛妄否舍利
弗言不也世尊是長者但令諸子得免
火難全其軀命非為虛妄何以故若全
身命便為已得玩好之具況復方便於
彼火宅而拔濟之世尊若是長者乃至
不與最小一車猶不虛妄何以故是長
者先作是意我以方便令子得出以是
因緣無虛妄也何況長者自知財富無
量欲饒益諸子等與大車
妙法蓮華經譬喻品第三之餘
佛告舍利弗善哉善哉如汝所言舍利
弗如來亦復如是則為一切世間之父
於諸怖畏衰惱憂患無明闇蔽永盡無

内页局部

今當設方便令諸子等得免其害父知
諸子先心各有所好種種珍玩奇異之
物情必樂著而告之言汝等所可玩好
希有難得汝若不取後必憂悔如此種
種羊車鹿車牛車今在門外可以遊戲
汝等於此火宅宜速出來隨汝所欲皆
當與汝爾時諸子聞父所說珍玩之物
適其願故心各勇鋭互相推排競共馳
走爭出火宅是時長者見諸子等安隱
得出皆於四衢道中露地而坐無復障
礙其心泰然歡喜踊躍時諸子等各白
父言父先所許玩好之具羊車鹿車牛
車願時賜與舍利弗爾時長者各賜諸
子等一大車其車高廣衆寶莊校周帀
欄楯四面懸鈴又於其上張設幰蓋亦
以珍奇雜寶而嚴飾之寶繩交絡垂諸
華瓔重敷綩綖安置丹枕駕以白牛膚
色充潔形體姝好有大筋力行步平正
其疾如風又多僕從而侍衛之所以者

四、民国十四年（1925 年）抄本《地藏菩萨本愿经》

邑报恩寺藏有民国十四年（1925 年）抄本《地藏菩萨本愿经》一部上、中、下三卷。此经为线装本，每页 8 行，每行 16 字，纵 25 厘米，横 19.5 厘米。卷尾题“中华民国十四年夏历四月初七日，悟云目录上中下三卷全”。

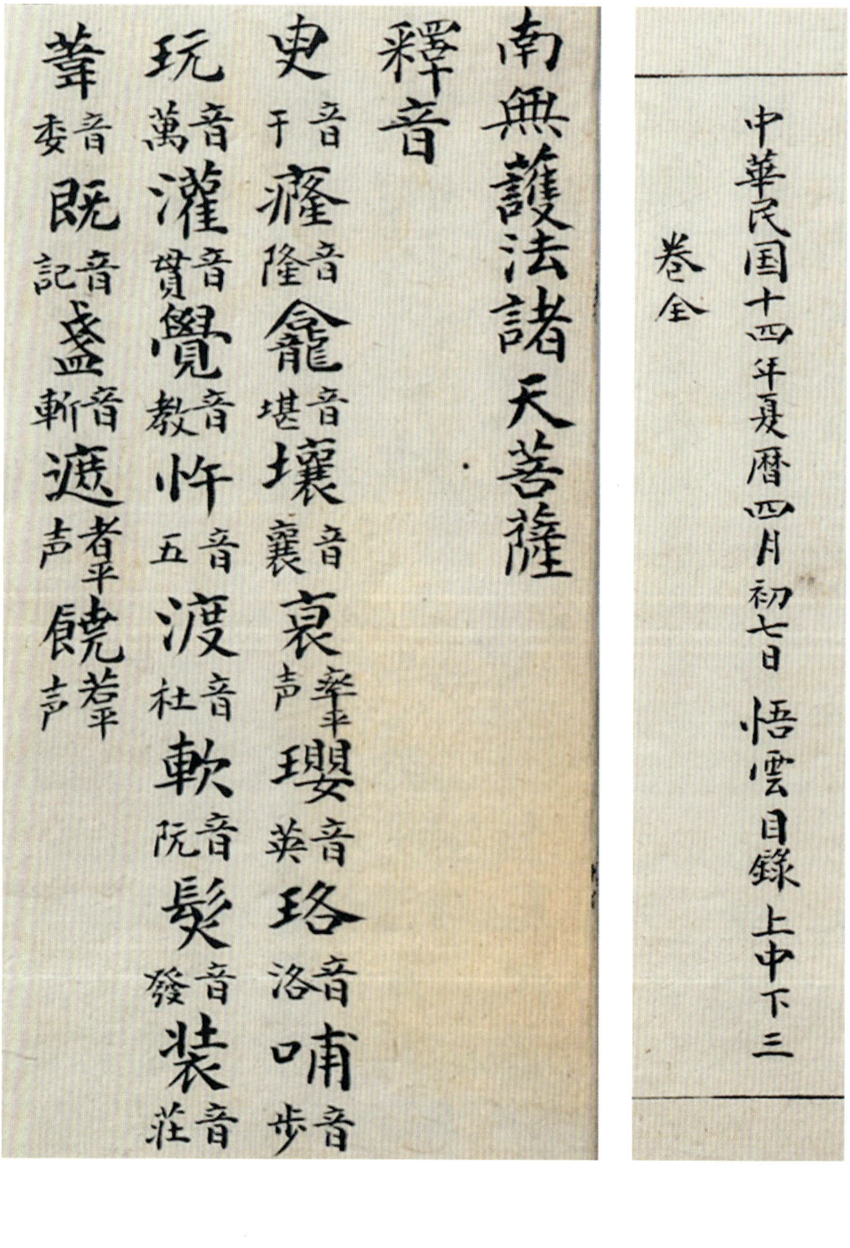

民国十四年抄本《地藏菩萨本愿经》

五、民国十四年（1925 年）抄本《慈悲水忏》

邑报恩寺藏有民国十四年（1925 年）抄本《慈悲水忏》一部上、中、下三卷。此经为线装本，每页 8 行，每行 16 字，纵 25 厘米，横 19.5 厘米。卷尾题“中华民国十四年立秋三日录水忏上中下俱全，报恩寺僧人王源深薰沐敬书”。

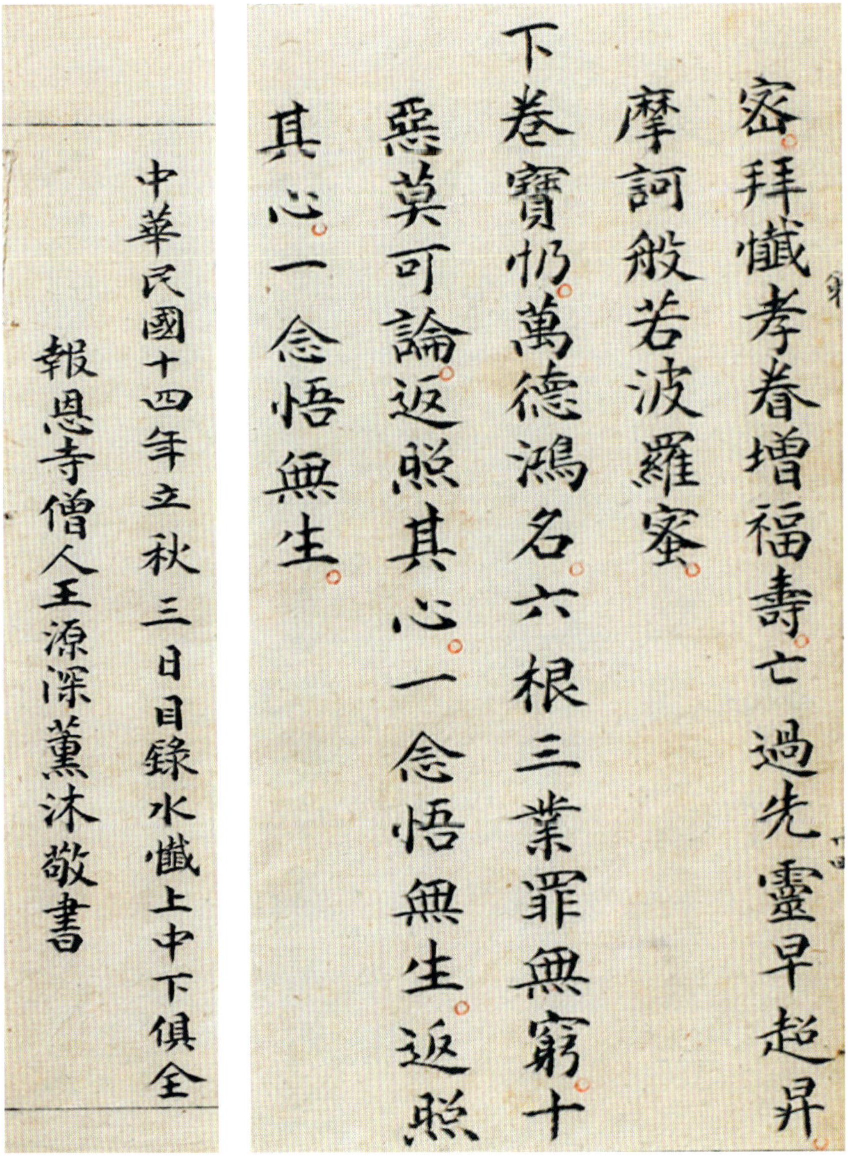
容拜懺孝眷增福壽亡過先靈早超昇
摩訶般若波羅蜜
下卷寶仍萬德鴻名六根三業罪無窮十
惡莫可論返照其心一念悟無生返照
其心一念悟無生
中華民國十四年立秋三日目録水懺上中下俱全
報恩寺僧人王源深薰沐敬書

民国十四年抄本《慈悲水忏》

六、民国二十五年（1936 年）抄本《法事赞本》

邑报恩寺藏有民国二十五年（1936 年）抄本《法事赞本》一部。此经为线装本，每页 8 行，每行 14 字，纵 21 厘米，横 14.5 厘米。卷尾题“民国二十五年古历四月浴佛节后四日录于关帝庙，住持比丘僧源静学书”。

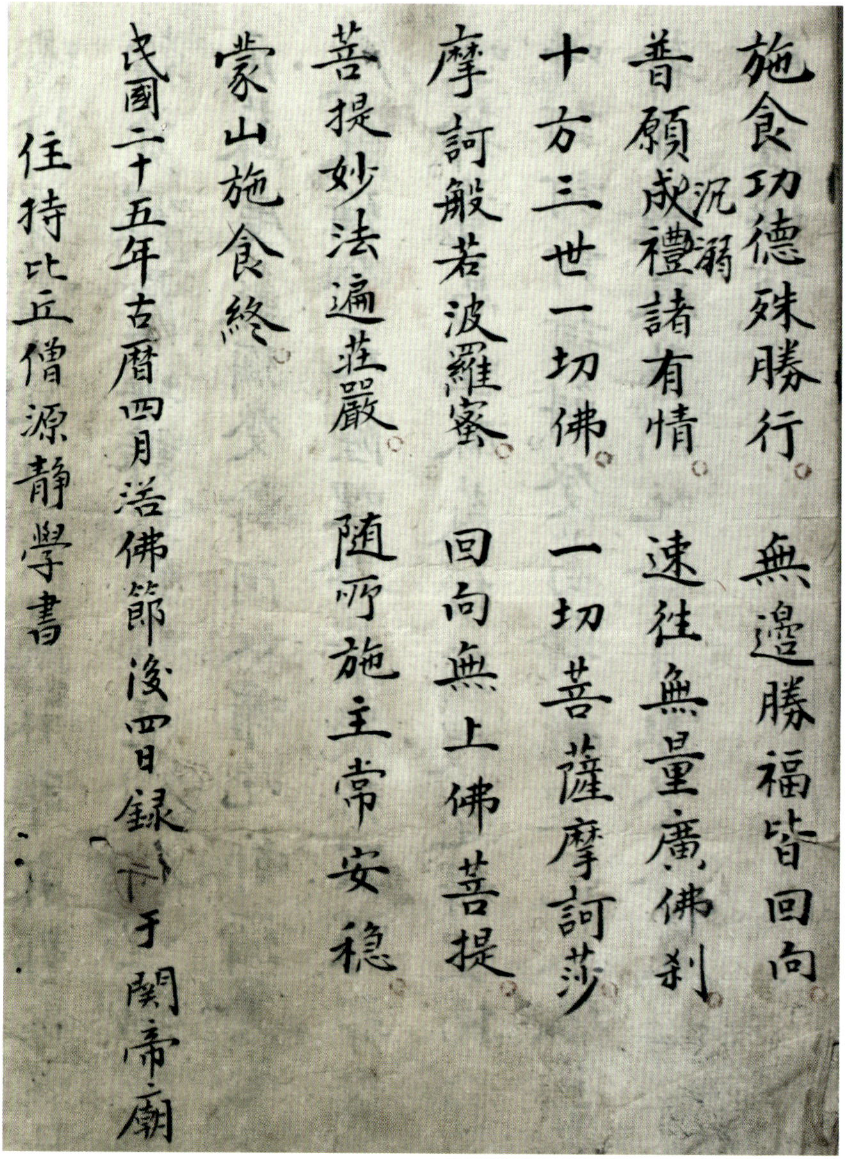
施食功德殊勝行 無邊勝福皆回向
普願沉溺諸有情 速往無量廣佛刹
十方三世一切佛 一切菩薩摩訶薩
摩訶般若波羅蜜 回向無上佛菩提
菩提妙法遍莊嚴 隨所施主常安穩
蒙山施食終
民國二十五年古曆四月浴佛節後四日録于關帝廟
住持比丘僧源静學書

民国二十五年抄本《法事赞本》

七、民国二十七年（1938 年）抄本《五种法事大全》

邑报恩寺藏有民国二十七年（1938 年）抄本《五种法事大全》一部。此经为线装本，每页 8 行，每行 20 字，纵 19 厘米，横 10 厘米。卷尾题“民国二十七年夏历三月初四日，关帝庙住持比丘僧源静录”。

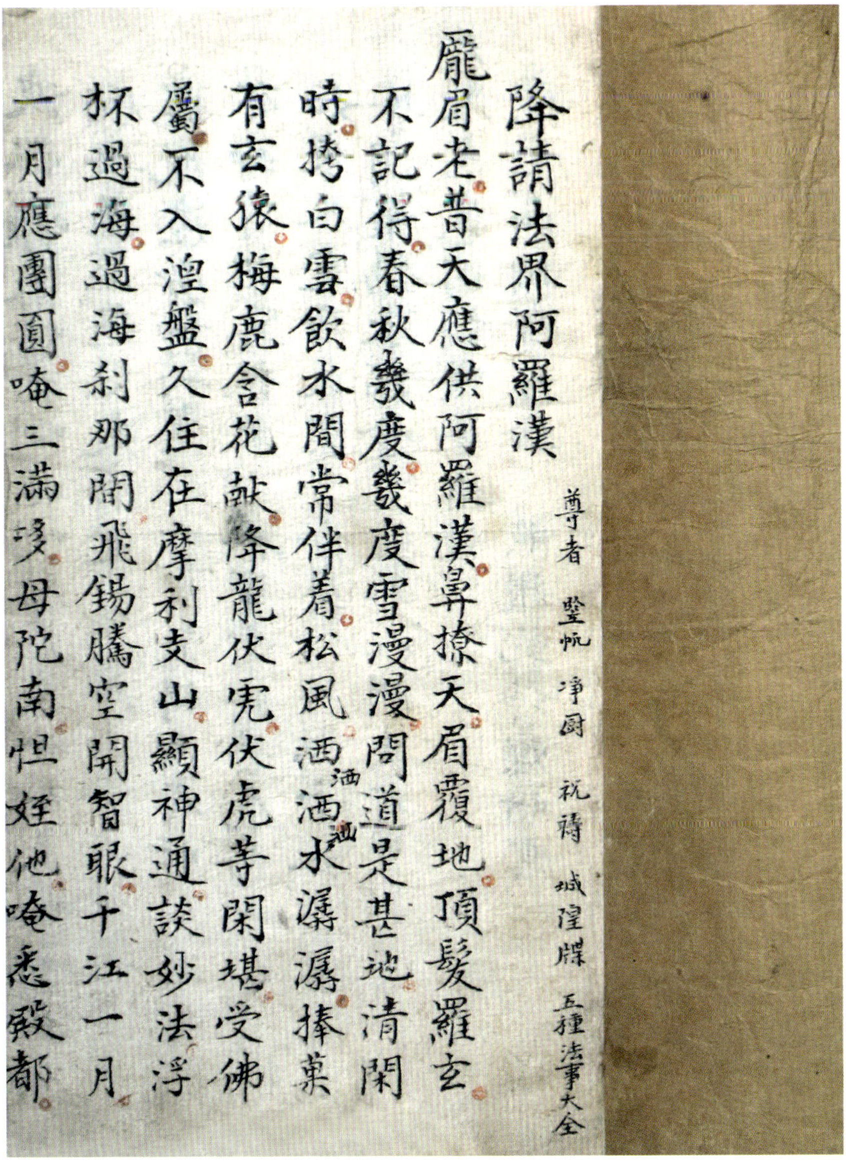
降請法界阿羅漢
龐眉老普天應供阿羅漢鼻撩天眉霞地頂髮羅玄
不記得春秋幾度幾度雪漫漫問道是甚地清閑
時携白雲飲水閒常伴着松風洒洒洒洒水瀑瀑捧菓
有玄猿梅鹿含花献降龍伏虎伏虎等閑堪受佛
屬不入涅盤久住在摩利支山顯神通談妙法浮
杯過海過海刹那閒飛錫騰空閒智眼千江一月
一月應團圓唵三滿多母陀南怛姪他唵悉殿都
尊者 監帆 淨厨 祝禱 城隍牒 五種法事大全

民国二十七年抄本《五种法事大全》

八、民国二十七年（1938 年）抄本《法事文疏模板》

邑报恩寺藏有民国二十七年（1938 年）抄本《法事文疏模板》一部。此经为线装本，每页 8 行，每行 20 字，纵 19 厘米，横 10.5 厘米。卷尾题“民国二十七年夏历五月初五日，比丘僧源静沐手敬录于南禅院，徒广生，孙续成”。

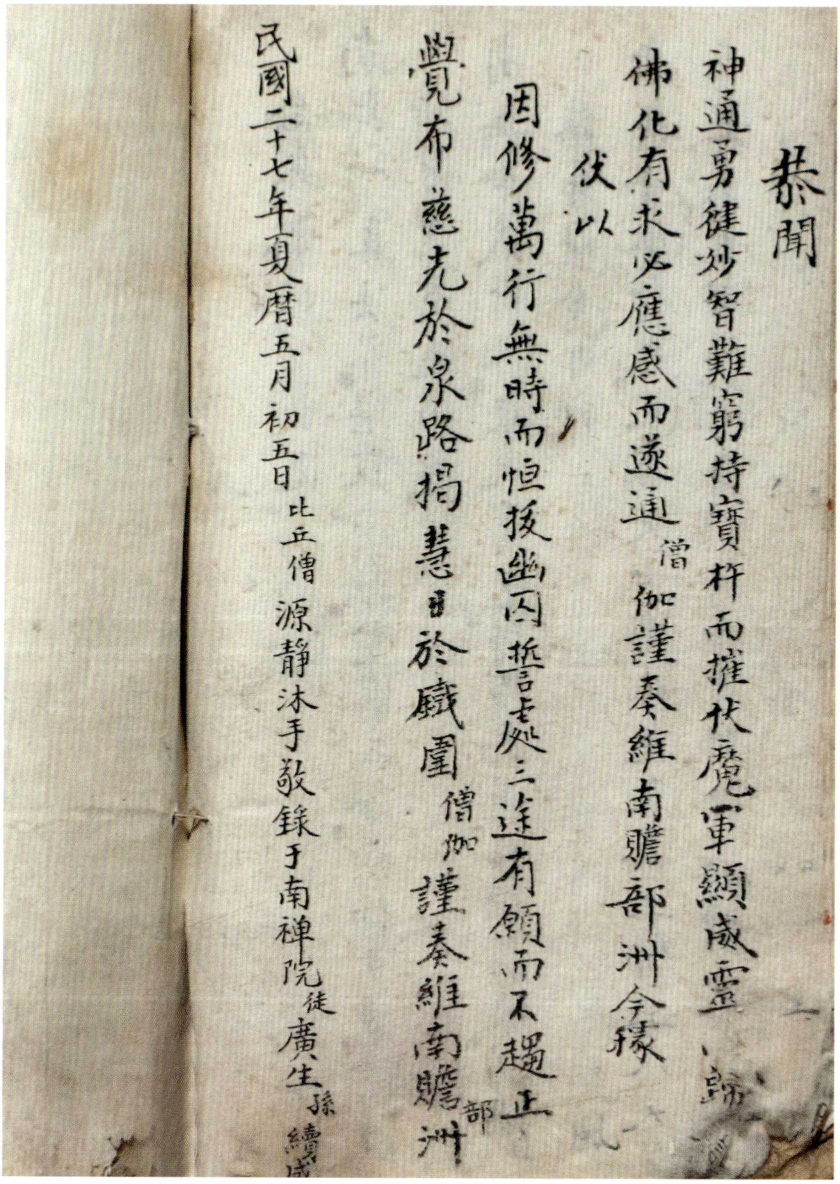
恭聞
神通勇徤妙智難窮持寶杵而摧伏魔軍顯威靈、歸
佛化有求必應感而遂通 僧伽謹奏維南贍部洲今緣
伏以
因修萬行無時而恒拔幽囚誓處三途有願而不超正
覺布慈光於泉路揭慧日於鐵圍 僧伽謹奏維南贍部洲
民國二十七年夏曆五月初五日比丘僧源靜沐手敬錄于南禪院徒廣生孫續成

民国二十七年抄本《法事文疏模板》

卷

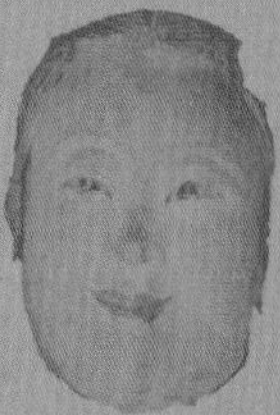

四

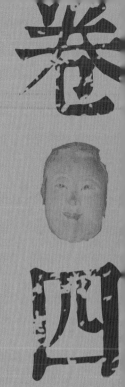

宗教艺术

◎伏羌报恩寺造像
◎伏羌报恩寺水陆画
◎伏羌天门山东岳庙壁画

伏羌报恩寺造像

造像，谓塑造物体形象，即用泥塑或用石头、木头、金属等雕成的形象，也指相片、照片。语出三国魏曹植《宝刀赋》："规圆景以定环，摅神思而造象。"清张之洞《哀六朝》诗："《玉台》陋语纨袴斗，造象别字石工雕。"

两宋时期（960—1279年）政治上"尚文轻武"，强化传统儒家、理学思想观念，同时，禅宗繁兴，名僧辈出，士子亦多好禅学。据《居士传·卷二十六》记载："苏、黄、晁三君子，并以文人游泳佛海。子瞻之浩落，鲁直之锐猛，无咎之切深，考其文亦各肖其人焉。"文中三君子，乃苏子瞻，名轼；黄鲁直，名庭坚；晁无咎，名补之。彼时士子交游禅僧，参禅生活，寄兴僧寺，怡乐山水，不仅诗禅相融，亦催化宋代书风"尚意"，行草跌宕遒丽、墨气四射，以意趣取胜。诸多文人亦善以"居士"为号，如欧阳修号"六一居士"，苏轼号"东坡居士"。

宋代经济繁荣，佛教深入民间，从艺术中反映现实社会之审美雅趣，以及世俗人情之思想感情。宋代菩萨像已脱离了隋代挺腹之拙朴厚重和唐代三屈之婀娜多姿，呈现端庄大方、平易近人和闲然自适的人间装束，简淡中见慈悲，亲切中见清逸（关于宋代造像论述引述前台湾高雄师范大学美术系教授、法国巴黎第一大学造型艺术博士见迅法师观点）。邑报恩寺建于北宋时期，大雄宝殿及观音阁塑像皆为宋代所塑，宋代造像特征明显。

原报恩寺大雄宝殿释迦牟尼佛旧照

明早期的汉传佛教造像，身材比例比较适中，身躯饱满结实，线条简洁流畅，丰腴而不虚，近人而不俗。造像胸部、腹部的起伏和平简的外衣形成对照，富有整体感。明嘉靖以后，特别是万历年间，汉地造像独盛一时。这一时期的佛造像多头大身长，体态丰腴，传世品较多。明代铸造的金铜佛像工艺精湛，造型比较优美。从造像的风格上来看，更加贴近生活，世俗化的味道更加浓厚。从造型佩饰上看，菩萨基本上是肩上搭有帔帛，下着大裙等等。服饰贴体而轻柔，衣纹和衣饰的刻画运用写实手法，视觉效果非常逼真。邑报恩寺造像或铜铸，或铁铸，或泥塑，或木雕，或干漆夹纻，皆线条流畅、法相庄严之艺术精品，年代以宋明为主，故简述宋明造像特征，以加深读者之理解。

邑报恩寺现存有干漆夹纻造像二尊，结合报恩寺历史，初步考证为宋代所造，弥足珍贵。佛教夹纻造像，是用漆涂裹纻麻布而制成的佛菩萨像，又称干漆像、脱空像、搏换像、脱沙像等。造像时，先搏制泥模，再在泥模上裹缝纻布，再用漆加以涂凝光饰，然后将泥除去，脱空而成像。关于夹纻的语义，如《慧琳一切经音义》卷七十七引《释迦方志》卷上说："夹纻者，脱空象，漆布为之。"《大唐西域记》卷十二的小注中也说"夹纻今称脱沙"。《资治通鉴》卷二〇五胡三省注释夹纻像也说，"夹纻者，以纻布夹缝为大像，后所谓麻主（用麻布缝漆而成的神主）是也"。夹纻造像，原为古代中国创制发明。在汉朝，已有用漆布制成冠、莒的事例。这种漆纻制品，汉朝的人写作侠纻（汉王盱墓侠纻杯铭）或作綊纻（同墓綊纻盘铭）。是在纻布上敷漆，制成器物，其中多有脱空的构造。嗣后佛教传入，即将这一项技艺应用于造像，成为中国特创的夹纻像。这是印度古来所未有的，因而各经论中均未有这一项造像记载。中国历史上有名的夹纻造像，最早见于文献的是 4 世纪末，东晋戴逵（字安道）所造的夹纻像。现留世最早的干漆夹纻造像是隋唐的，距今已有 1200 多年的历史，但流浪海外。目前，国内保留最早的干漆夹纻造像是元代的干漆夹纻十八尊者像，原藏北京故宫慈宁宫大佛堂。1973 年转藏洛阳白马寺。

佛像（夹纻漆塑）

菩萨像（夹纻漆塑）

菩萨像（夹纻漆塑）

菩萨像（铜）

菩萨像（铜）

童子像（铜）

伏羌报恩寺水陆画

水陆画，是伴随佛教水陆法会而产生并发展起来的宗教文化遗产，它的图像内容主要依据水陆仪轨及民俗信仰进行绘制。水陆法会，又称“水陆道场”“水陆大会”等，是古代佛教设斋供佛用以超度亡灵的法事活动，也兼具追忏悔过、积德行善等功能，相传由梁武帝因梦创制水陆仪文开设水陆道场。

在佛经中记载有这样一个故事：一天，佛陀释迦牟尼的弟子阿难晚上梦到一个自称“面燃”的饿鬼向他求食，并说三天后阿难将毙命，也会沦落为饿鬼。阿难醒后非常恐惧，于是向佛申诉。佛授给阿难可以使饿鬼得食、自己福寿绵长的经咒。阿难便开设了水陆道场，救度所有饿鬼。这便是水陆道场（又称为水陆法会或水陆斋会）的渊源。

在中国历史上，水陆道场是佛教寺院为超度亡灵、普济水陆空一切众生而举行的一种重要佛事。按照文献记载，水陆道场一般要举行七天七夜，多则 49 天，设内坛和外坛两部分，借助佛神法力，超度众生“使升天界”。中国水陆道场最早可以追溯到南朝梁武帝为他的王妃郗氏所设的道场。据传，凡是被佛法超度过的冤魂孤魄，都可以“免罪”升天，因而后世盛行不衰。宋代以后，水陆道场流行全国，特别是经过战乱，朝廷和民间经常举行法会超度战争中的亡灵。

在佛教寺院内举行水陆道场时都要悬挂一种宗教画，这

释迦牟尼佛（纸质）

就是水陆画。它是水陆法会上供奉的宗教人物画，悬挂于法会内坛，其上绘有佛、道、儒三教的诸佛菩萨、各方神道、人间社会各色人物等，代表法会所邀请的物件。水陆画既反映三教合一的思想内容，又包含大量民间信仰的祈愿需求。因此，水陆画不仅是宗教美术的集大成者，也是了解和研究古代社会风俗、生产生活、世态百相的一座宝库。

水陆画形式，一是壁画，二是卷轴（多为绢本），三是纸版画（包括版画和立牌）。后几种相对灵活，不拘于在固定的寺观殿堂举行水陆仪式所用。水陆法会依规模而设坛场数量不等，悬挂水陆画主题也不一，所以卷轴等可移动类水陆画满足了更广泛的需求。

邑报恩寺水陆画现存 56 幅，题材多样，其中包含佛、菩萨、明王、罗汉、护法神祇、天仙、孤魂等众。结合报恩寺历史，初步考证为明代所画，有些为清代所补。报恩寺水陆画风格典雅，形象生动，构图多变，技法完备。尤其在宗教人物之外，真实地再现了明代社会生活的风俗世态，堪称一座美术史研究的宝库，是邑内现存唯一一套完整的明代水陆画全图，可谓出类拔萃。

金刚护法之一（纸质）

金刚护法之二（纸质）

卢舍那佛（纸质）

文殊菩萨（纸质）

普贤菩萨（纸质）

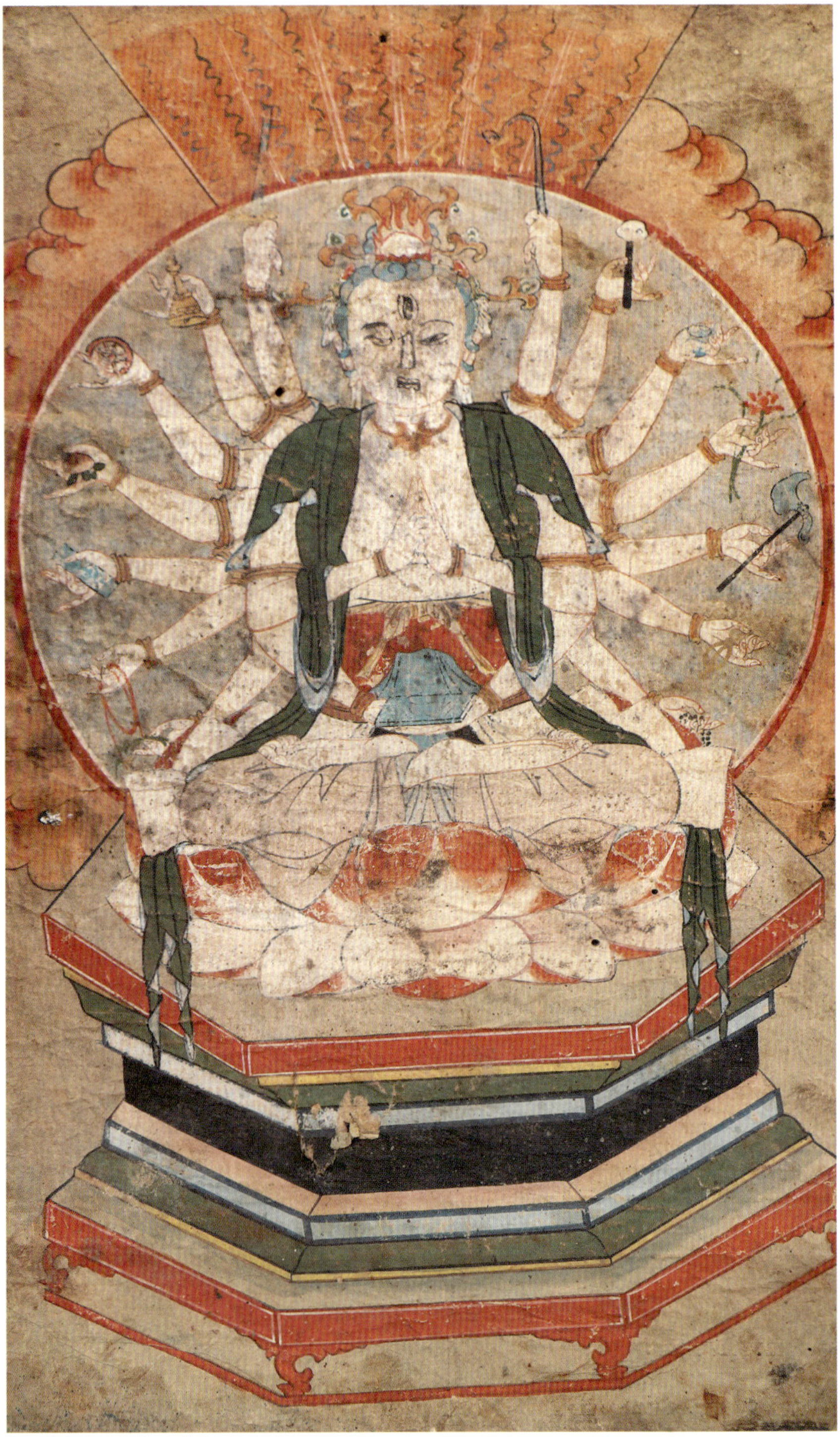

千手观音菩萨（纸质）

地藏菩萨（纸质）

迦叶尊者（纸质）

阿难尊者（纸质）

金刚护法之三（纸质）

金刚护法之四（纸质）

韦陀（纸质）

面燃鬼王（纸质）

天神之一（纸质）

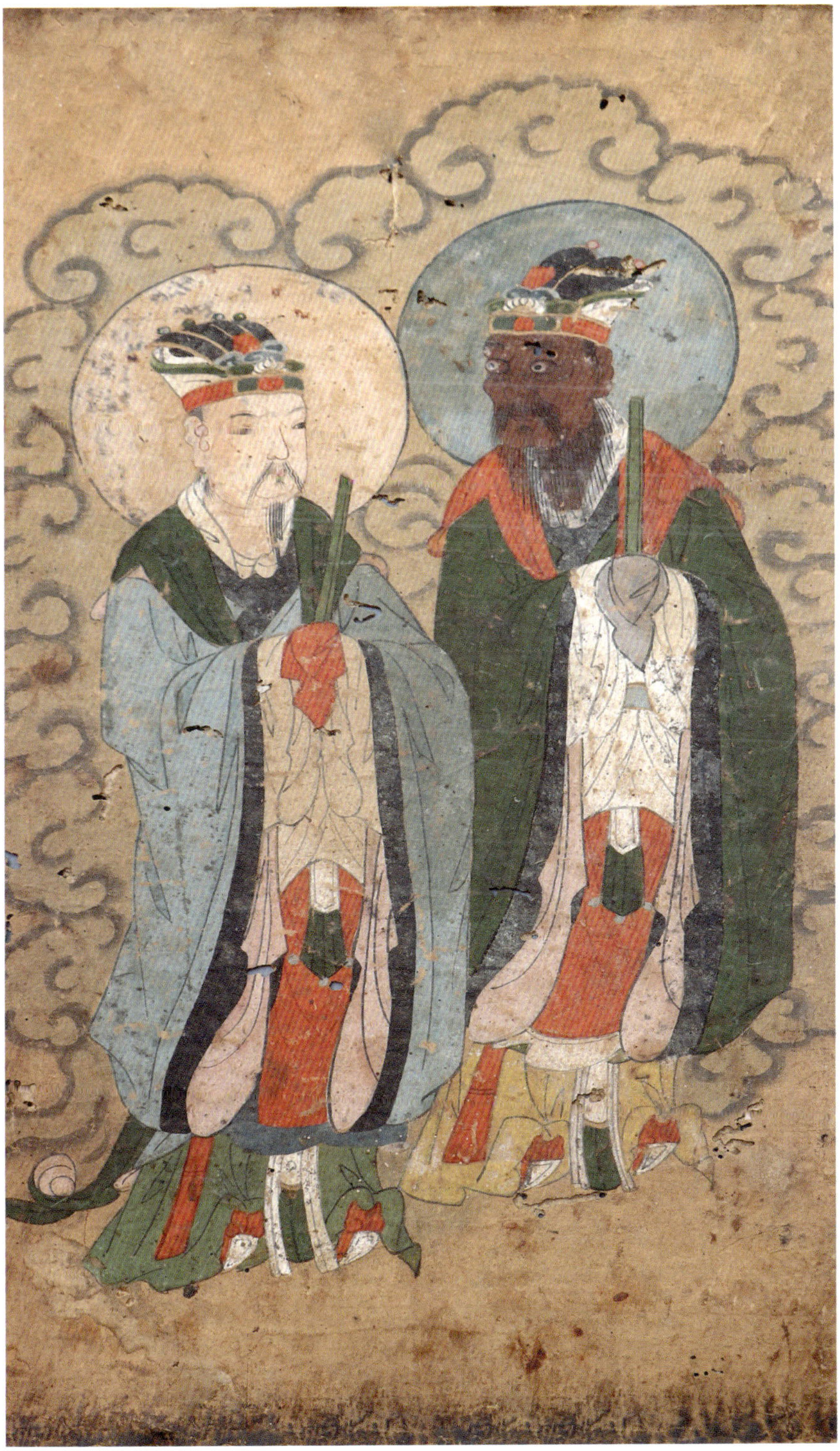

天神之二（纸质）

天神之三（纸质）

伏羌天门山东岳庙壁画

壁画是墙壁上的艺术，即人们直接画在墙面上的画。作为建筑物的附属部分，壁画的装饰和美化功能使它成为环境艺术的一个重要方面。壁画为人类历史上最早的绘画形式之一。我国早在汉朝就有在墙壁上作画的记载，多是在石窟、墓室或是寺观的墙壁上。寺观壁画是中国壁画的一个主要类型，绘于佛教寺庙和道观的墙壁上，内容有佛道造像、传说故事、图案装饰等。这种绘画形式是随着道教的产生和佛教的传入而逐渐发展起来的，兴于汉晋，盛于唐宋，衰于明清，是中国绚丽多彩的民族艺术史上的重要篇章。壁画的表现技法多种多样，包括白描、工笔重彩、水墨写意及沥粉贴金等。所用颜料多是矿物颜料，所以图画色泽鲜艳，经久不变。壁画的作者除少数名画家外，多数是名不见经传的民间画工，且留下姓名者很少。天门山东岳庙原大殿及寝宫、南北两殿皆有壁画。大殿及寝宫被毁，唯有南北两殿尚存，故南北两殿壁画尚在。在大殿及寝宫被毁时住持本继法师设法保存了一些画在木板上的绘画，作为古建的构成部件。本书将其归于壁画卷中，其中没骨法画的几幅作品尤其精美，且其中人物为少数民族，担有书画，坐骑为大象、麒麟，对研究民族文化交流颇具意义。其他人物、花鸟、神仙绘画各具特色，现列之于后，以飨诸君。

东岳庙木板画　禄星赐爵（清）

东岳庙木板画　天官赐福（清）

东岳庙木板画　待考

东岳庙木板画　待考

东岳庙木板画　八仙人物——何仙姑、蓝采和（清）

东岳庙木板画　八仙人物——张果老、吕洞宾（清）

东岳庙木板画 八仙人物——韩湘子、铁拐李（清）

东岳庙木板画 八仙人物——汉钟离、曹国舅（清）

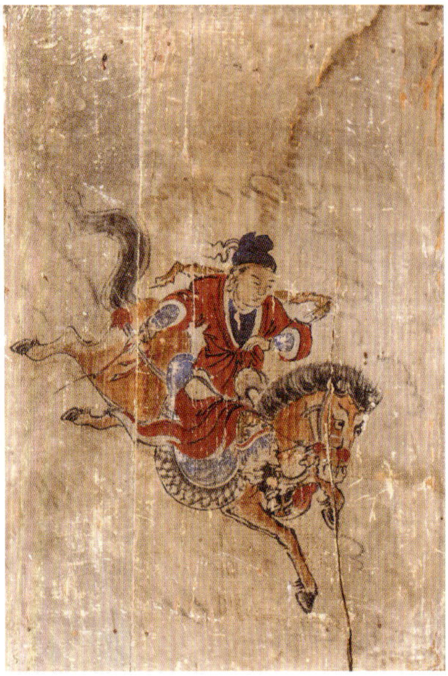
东岳庙木板画　禄马传文书（清）

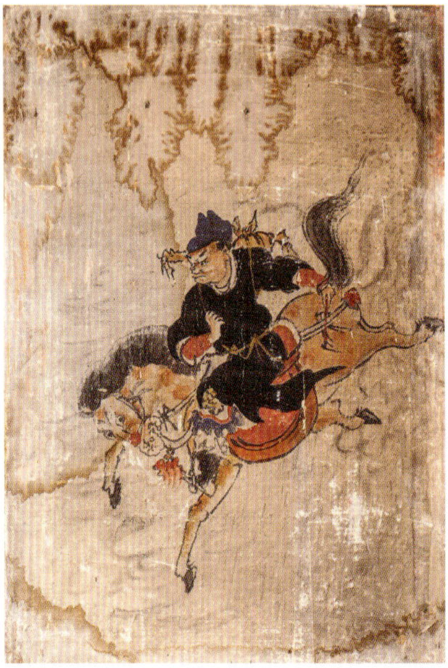
东岳庙木板画　禄马传印信（清）

东岳庙木板画　拜月图（清）

东岳庙木板画　拜日图（清）

东岳庙北殿西壁　判官罚恶图（民国）

东岳庙北殿北壁　判官记录图（民国）

东岳庙南殿南壁　判官阅卷图（民国）

东岳庙北殿北壁　小鬼取簿图（民国）

东岳庙南殿南壁　小鬼取卷图（民国）

东岳庙壁画　狼（民国）

东岳庙南殿壁画　芦雁图（民国）

东岳庙南殿木板画　佛手（民国）

东岳庙南殿木板画　蟹（民国）

东岳庙南殿木板画　石榴（民国）

东岳庙南殿木板画　金鱼（民国）

卷五

碑刻佚文

◎伏羌县重修报恩寺记
◎紫光和尚墓碑
◎大像峰紫光和尚肉身石窟颂
◎悟云和尚塔赞
◎东岳祝辞
◎重建天门山东岳庙寝宫序
◎伏羌报恩寺药王庙『不醉处』题辞
◎伏羌报恩寺药王庙『不怒处』题辞
◎附 报恩寺大钟及磬

一、碑阳

伏羌，古冀城也。朱圉峙雄，渭水流衍，泒为陇右要会。旧有梵宇一区，在县治之北，扁曰“报恩寺”。宋嘉祐八年建。入国朝来，成化庚子重修，嘉靖己亥季再葺之。维时栋宇以□□□□□□□咸雅意，崇尚香火，祈禳者日纷纷也。迩来阅时弥久，风雨鸟鼠之所零啮者□□□□□□□□者，而礼忏向慕之士锐歆修之，惮其工之浩艰，每踌躇而中止。寺僧舟泝遂奋激曰：“□□□□□□不□，理责胡归？”乃督于众，誓于神，慨然以修复为己任，苦心极力，募缘于陇之遐迩。钱□□□□□□□，土斩木伐，谘诹辰日之吉，动众兴工。凡中而大殿，左右佛堂，南北僧宇，前天王殿，后观音殿，□□□□□涂其丹雘。又建伽蓝殿于左，护法殿于右，古未之有者亦创维之。基虽仍旧，而宏峻壮丽□□□□□□始于嘉靖甲子年八月，迄庚午年九月，大工始就。踵告于县令甘公，欲镌石以寿其年。公□□□□□不果。是岁丁丑春，河州三守孟公奉检来署，目□三门颓败，遂举意曰：“古制不可废！”于是助□□□□僧潚督工修理，落成竖扁，前后寺宇焕然一新。公之成厥终也，因请予以记。予惟以浮屠氏论□□□□所不道也久矣。然稽之天道，福善而祸淫；验之人情，好善而恶恶。如佛氏轮回反照之说，载诸法华园觉籍者，虽多幻妄不

《重修报恩寺记》碑阳

经，究其心亦诱人为善，去恶意耳，亦有以孚天道、契人心者也。矧彼以为善得名，而人之性皆善。夫苟善行充积，馨香毕达，祈福而福至，禳谶而谶消，佛从而佑之矣！若自底弗类，慆淫是即，致使灾害并至，虽设醮诵经，日礼佛以禳之，佛亦安能违公道以福淫人哉？此正佛之盛心，教之美意也。故佛不在西域，而在人心。事佛不在祈祝，而在存心为善；不在修寺建塔，而在立身修己。

若肖其像而不体其心，修其宇而不源其教，彼觉天氏甚无乐乎有此也！先正谓：“天堂无则已，有则君子登；地狱无则已，有则小人入。”此不易之格言，甚明之定理也。事佛以祈福者，盖以三复斯言而为善为君子哉！是上也。县令褚公柽孙、浦公之云赞其事而未立石，甘公芍立石而未摛文。至于孟公师孔谒之，于人屉无□矣，终无就。继舟泝之后者清谅，虔虔与众僧诵经，诚恐久弛乃事，遂修举废坠，心怀摛文，刻石无功。今癸未岁，幸逢县主新任，秦公国儒遂成厥工，始终克全，命玉工镌勒于石，以为永久之不磨云。

时万历十一年岁次癸未黄钟月初九日冬至上浣之吉，文林郎、知伏羌县事云中文山秦国儒建立。

儒学训导廿泉镇州路可行

伏羌县典史浙东越山陈表

致仕官：李元、王言、严宸、巩延龄、陈嘉谟

监生：蒲文华、蒋川、巩养重、王养正、赵瑜

庠生：谢戬、蒲文光、马道东、李得光、王胤光、李自成、马光远

省祭官：汪洙、杨魁、黄茂□、朱仲义、刘卿、刘纬

阴医官：张云逵、陈□□、□□□、白采、张棫、宋胤光、白梦傅、康文显

甘州中护卫卫镇检□蒋起凤

掾：王濯、杨□□、熊干、王继光、孙一桂、王建、白梦熊、刘大□、王好贤

庠生：王琳、黄渊、王修、宋自禄、蒲轮、王范、李崇、宋自寿、梁胜任、吴瑾、李羡、宋自福、李应丰、王养士、李岁成、王家鼎、蒋自远、杨宪、谢时亨、张相、李胜鸾、廖钿、李腾霄、梁邦佑、马汝颜、安雍、白锦

乡耆：马文彩、舒秀、□廷诰、郭王、胡渊、魏华、安奎、马文□、宋□、郑□端、毛□、王□善、李守亨、吴孟夏、谢纳言、陈贞、李俊、赵经芝、魏良谟、刘□、宋自强、马光秦、马文华、李夙成、张汝纶、黄绍□

庠生门守道沐手代书篆

邑人胡守舜、赵邦贵合篆

合水县石匠雷自辉镌勒石

二、碑阴

示铎乡约：马滨易、李伟、马光裕、黄鉴、李朴、王用贤、魏良翰、李□贞、舒畅、冯汝腾、冯□达。孝子：李栋、武鼎。医生：陈环、张□花、任尚义。岷州卫……

各里里老：王□□、谢廷□、姚□、赵□兴、蒋荣、张□增、李□、彭聚成、彭聚邑、王三重、漆得寅、李桂、芦应其、牛世峰、移邦钦、移养元、□廪、尚禄、牛斗□、□升□

助缘善士：白景寿、廖现、王应聘、谢珮、李应坤、宋世玠、李承诲、王儒、张大经、张俊、张登、李杰、李应登、李辉、张萼、孙廷龙、杨万镒、□纶、李琦、陈绅、□世□、孙廷凤、康栋、牛蒙恩、王廷侯、李植、刘勤、史文资、刘寅、李珮、李碧、牛文训、李朝真、蒋敷畅、牛信、卢杰、王九约、刘世瑚、王九恕、王继珍、张世宗、丁□□、张永年、范世节、王□河、刘世□、谢渠、廖豸、王登、王守仁、马良□、白节、廖环、廖栋、赵训、白山、白梦果、赵邦虎、黄宾、郭珠、贾时远、陈普祥、张尚李、贾尚质、杨尚质、张尚义、蒋守正、黄承元、廖光裕、雒世万、李朝荣、高应登、漆逢宥、李清、白植、白梦安、赵应海、张彦、王美、王冠、张天金、谢文质、陈进福、高世虎、王承教、徐应琦、雒应元、刘道成、赵腾、孙光祖、张增、李达才、孙承祖、李金才、王鉴、孙继祖、王加、徐园通、保安成、李广才、刘记龄、孙加祥、黄启元、白柳、宋有□、张□铭、蒋勘、谢进表、刘□龄、赵文光、张天王、杨才、谢得华、周忠孝、谢廷寿、李继萼、董智、白枝、谢文库、王榜、谢文海、王玳、杨立、杨俊、安辽、李楠、康谟、黄绳元、刘希珍、□□来、武梅、周万湖、廉养蒙、蒋得春、芦天正、杨廷喜、贾坤、李春、李世腾、梁宗成、杨尚礼、牛田、李尚周、李三才、康宗元、张清、张有元、王□、黄廷寅、王□、王珀、马腾仁、张合仓、黄□、王加用、杨獬、刘天禄、范宾、张琴、张佑、赵鉴、杨守中、张万、漆尚信、漆尚胤、白舜光、张□□、王宗凤、舒廷谟、康寅、白梦兴、吴成、谢魁、谢峰、芦江、黄栋、李应宇、宋良士、王思贤、漆尚宾、杨渐有、吴魁、李庚成、李环、李畅、李秀、廖光祖、廖光显、白□□、蔡朝用、蔡逢赐、李时成、李孟时、芝

《重修报恩寺记》碑阴

朝用、白璠、马云光、彭希进、彭希舜、宋善教、李远、张雷、刘贤、王铬、甄雄、芦应起、任尚礼、宋永、移坤元、史定、史干、张□植、刘登云、谢现、安守正、牛林山、王崇德、张海、王崇义、黄□元、芦守仁、芦守正、任尚质、李育成、李纬、潘朝荣、刘湖、李周、谢论、刘镇、雒应光、牛存□

同助缘：郭慈铎、刘诚昙、牛诚强、张大良、谢舟滽、谢仁灵、卢舟滨、黄舟海、李智贤、牛清训、白清诣、明经、明宽、牛清证、张清讲、杨清记、张清泉、黄清湛、张清论、张□□、谢慧□、王清诚、刘清渊、郭慧明、李净滨、牛净浍、刘净澄、李净道、王净通、杨净方、康净兴、马净秀、李净龙、王净深、张净智、清宁、□世保、黄含猷、黄净延、蒋海□、杨净寿、安□□、萧□□

僧会司署记僧刘清谅，僧智端、义钊、正大，玄门李教忠

本寺基址、僧宇拜入志，寺观古器、常住地于后。

本寺四至，东至谢大有庄基，南至察院墙通街一巷拜黄承元等庄基，西至察院关王庙布政司通官街，北至张士英庄基，拜通行后官巷养济院俱是寺地，基址四至分明。

古有宋朝钟一口，磬一口，大钟三口，南北僧院居屋共一十八间。

邑所属寺观：显庆寺、永福寺地十二亩，耳乐寺地四十亩，觉皇寺地一十二亩，觉天寺地五十亩，通过堡寺地二十六亩，大像山永明寺地三段，谢家寺、倒札寺地一段，金仙寺地一段，华盖寺地三段，雪岩寺地五亩，潘家寺地十亩，见龙山东岳庙地三十亩，宝岩寺地十五亩，遇普寺地十段，姑嫂寺地五十亩，海潭寺弥陀院地二顷五十亩，东至牡丹园高岭，南至寺峪沟高岭，西至小鹅峪高岭，北至寺峪滩高岭等为界。甘泉寺地三十二亩，享泉寺地二十亩，秋沟寺地五段，尖山寺地一顷，观音殿地……亩，蔡家寺前后周围地一十五亩，在路西川画地一段八亩，西南川画水地一段九亩三分，东坡地一段，河南东川路北地一段二亩，路南河湾画地一段三亩。叶世昌、刘真舍地永征常住，古钟一口，磬一口，地亩勒铭于钟记慈光寺地三十……寺地……地十五亩，平头山庵地一分，西五皇山双明洞西禅院钟一口。

赞曰：……磨……不朽，天地与同，日月□□，万古千秋，勒铭于□，……

（《伏羌县重修报恩寺记》由李承旭先生于2005年整理并重立于天门山上。因得知原碑有部分缺损，本人拟重新整理之，后得知张驰先生已经整理并发于《陇右文博》，重复工作不宜再做，于是转引其整理之碑文，在此表示谢忱。）

紫光和尚墓碑

在永明寺设戒碑邻东，嵌崖，高 1.4 米，宽 0.64 米。碑后原系一石窟，清康熙初，县城北街报恩寺僧紫光坐化于大像山太昊宫前，肉身因移置此窟，外封以碑为志。民国中与近年，因碑字遭碰损，一再重磨而镌原字于该碑石上。碑字竖楷，唯碑额三字横排梵文，曰“□□□”（唵哑吽）。竖楷中上双行小字“报恩堂上传临济正宗十三世”，下接大字“紫光和尚之墓”；左小字署“清康熙十三年圆寂建”；右小字，前行署“中华民国二十二年释源深重建”，后行署“公元一九七九年四月僧众重建”。碑外原曾护以盖，上有释源深题书联语，今佚。

（据《大像山志》引述）

大像峰紫光和尚肉身石窟颂

安履祥

张梓林辑佚整理

和尚清初报恩寺僧人，人物志既有传矣。但三百年来，口传至今，不见记载。倘以其迹涉神诞欤！然飞锡倒化，公案累累，何独于此而疑之？爰为颂曰：

璧月圆朗，水镜空明。性海湛然，纤尘一清。幻缘异熟，无生有生。四大五蕴，劳劳身城。皮囊肮脏，歌哭梦想。颠簸真吾，人寰攘攘。惟彼佛徒，僧中龙象。入妙返真，顽躯亦爽。名山石窟，西竺清风。精诚心印，遂运神通。金石之顽，太虚之空。可开可碎，而况渺躬。超超光师，何天谪堕。懒残匿迹，行藏猥琐。冀城贤士，潘翁印可。混俗往来，默默尔众。三百年来，记载莫探。蛛丝马迹，惟存闾谈。七圣迷途，魔扰方酣（时战祸蔓延全球，故云）。濯此摩尼，照破痴憨。

紫光和尚墓碑

悟云和尚塔赞

安履祥

张梓林辑佚整理

花面而心尘净，跛足而禅机稳。待良友之情深，比桃潭千尺报慈母恩。□诵金经万遍，混俗离俗，在尘出尘，是之谓葆真。乌呼，吾盖见之于悟云上人。

东岳祝辞

巩建丰

张梓林辑佚整理

维神封先四岳，秩比三公。位镇东岱，仁育寰中。冀方离顶，中建閟宫。无微弗照，有感斯通。兴云布雨，仰荷鸿功。恭逢圣诞，祝福攸隆。虔荐牲醴，用申悃忠。

巩建丰（1673—1748）：字子文，号渭川，别号介亭。清陕西巩昌府伏羌县（今甘肃省天水市甘谷县）人。历康、雍、乾三朝，由翰林院检讨、国史馆纂修、日讲起居注官、乡会试同考官、乡试正主考、詹事府右春坊右中允、翰林院编修到提督学政、侍读学士、殿试读卷官。“老成持重”，德才俱美，乃一代醇儒和名臣，被时人尊为“关西师表”。著有《伏羌县志》《朱圉山人集》。《中国人名大辞典》清代伏羌仅载录巩建丰一人，足见其影响之大。

重建天门山东岳庙寝宫序

安履祥

张梓林辑佚整理

人禀二气以生，无道以凝之则散而不聚，昏而不明。故天地、日月、山川、星辰大象之昭昭者，古圣皆酬以禋祀。当其升降趋跄，气专容肃，心敛神收，俨若在旁而在上。于是天清地宁，民无夭札，此古人以人事神道设教之精义也。迁《史》称封禅七十二王，惟黄帝得上泰山封，故五岳之祀，东岳最著。其声灵之赫濯于人寰者，百代而来，即妇孺莫不恍惚闻见之。故禹甸之中郡县万千，东岳之名与祀罔不偏焉。亵与僭弗恤也，名与实不计也。且凿然有姓名、有生辰、有职守，虽云渎神，然于专肃气容收敛心神之旨无乖也。出冀城阳和门里余，见有巍然矗云表俯瞰城堙，其上云物鸟树城中处处可见，即牧歌樵唱，有时亦飞入尘市中，是曰天门山东岳庙在焉。每年三月二十八日，士女游，眺瞻拜戾止，曰东岳之诞日也。按《蠡海集》载：东岳生于三月二十八日。盖以天三生木，地八成之。含两仪之气于其中。二十八为四七，四七乃少阳之位。则此说抑又古矣。正殿后有寝宫三楹，惜庚申地震，墙垣圮裂，且香火无定资。信士某某发愿集会，得款若干，遂补葺缺漏，庄严豆登，而神基已妥，人事已备，亦云勤矣。适泰西一神之教大倡，其徒重洋来华，四出讲演，毅力良足多。然理说精完，实不及吾古义万万也。爰赘数言于首。

伏羌报恩寺药王庙“不醉处”题辞

（清）李则广

所谓狂药太和汤，何也？非酒乎！酒，一也，忽狂而忽和。和狂之分，醉不醉之分也。昔者孔子有疾，医问饮食起居，有曰：“饮食不醉。”医曰：“是良医也。”酒，医必需也；醉，医不能禁也。不醉为良医，良医岂远哉！阳明云：“个个人心有仲尼。”吾亦云：“个个人心有药王。”药在酒，养身不养德；药在不醉，养身兼养德。诸君同饮于此，亦知所谓狂药乎？所谓太和汤乎？亦知所以狂而不知，和而不狂之故乎？知之，《千金》之秘独得矣！

伏羌报恩寺药王庙“不怒处”题辞

（清）李则广

异哉！扁鹊换心，换一疾之心，能换反复之心乎？心何必换也！子舆氏不动心，长在养气。气之害也，庄周曰：“忿滀之气……中身当心则为病。”故程子谓易发难制，惟怒为甚。而医书每戒怒劝笑，其中药有曰合欢蠲怒。合欢岂能蠲怒？心自能蠲也。不必换而能也。诸君聚会于此，如心当怒不怒，不当怒亦不怒，均谓之不怒。不怒，圣药也！何事外求哉！（以上两处题辞据李承明先生《李则广集》引述）

附：报恩寺、东岳庙大钟及磬

据现存明万历十一年（1583）伏羌知县秦国儒所撰《伏羌县重修报恩寺记》石碑载："古有宋朝钟一口，磬一口，大钟三口。"《甘谷县志稿》载："报恩寺大钟，宋嘉祐间铸，明万历时重铸，有序铭。"此钟毁于20世纪50年代。

伏羌县令何其谦撰钟序铭：

邑僧会司旧有洪钟八九千□，系前宋嘉祐八年所铸者，时久而毁，叩之无声，珍古者惜之。逮今上万历庚子中，署记僧刘清谅同众僧李智贤、刘清训及百姓梁楠、刘讯龄等，谋改铸事，索铭于余。余意钟非惟□乎晨，莫设已也。约讲于斯则叩，朝仪于斯则叩，盖启人之惺□之觉而肃之节也。所裨斯邑不浅鲜，其毁而或□，而今复鸣也，亦有所待欤。闻诸《凫氏》，厚无或石也，薄无或播也，侈无或柞也，弇无或郁也，长无或震也，短无或疾也。则清浊得宜，宫羽咸明。将邑之淳风广而彰，久而不替乎。遂捐俸金而铭于左，铭曰：

猗欤休哉，古冀洪钟。创虽有宋，重铸维明。以撞以考，恢恢厥声。弘扬妙义，普度众生。闻薰涤虑，既和且平。珍兹法宝，融彻太清。

万历二十八年庚子孟夏吉日，知伏羌县事楚蕲何其谦敬铭。

仰澍斋按：此钟铭见收于安履祥《甘谷县志稿》。何其谦字少岐，湖北蕲水县人。周铣修《伏羌县志》载："何其谦，蕲水举人，万历二十八年任。量宽性笃，政简民安，粮未及期而完催，科中有抚字意，士民思之。"新兴镇西王家村有万历二十七年王修立《明孝子王浒墓碑》，碑署"文林郎知伏羌县楚蕲乡进士少岐何其谦题"，知万历二十七年，何其谦已在伏羌任。又据《湖广通志》卷三十五《选举志》，知何其谦乃万历十年（1582）壬午科乡试举人。

天门山东岳庙大钟，系清代所铸，毁于五十年代。《甘谷县志稿》有载。

卷六

匾额楹联

◎ 已佚匾额
◎ 尚存匾额
◎ 现代匾额
◎ 古代楹联
◎ 现代楹联

何谓“匾额”耶？凡官室、殿堂、亭榭、书斋、商铺等以大字题写其上，悬挂于门屏或堂室作装饰之用，以反映建筑物名称性质，或表达人们义理情感之文学艺术载体者，即匾额也。匾额，或曰“扁额”，或曰“扁牍”，或曰“牌额”，亦有简称为“扁”“匾”“额”或“榜”者。《说文》云:“扁，署也，从户、册。户册者，署门户之文也。”“额”即悬于门屏之“牌匾”。或以为，用以表达经义、感情之类者多属“匾”，而表达建筑物名称或性质之类者则属“额”。另一说法则认为，横者曰“匾”，竖者曰“额”。匾额习俗，源远流长，其历史可上溯秦汉，明清古建筑每缀匾额，几达凡有井水饮处，皆能见匾额矣。俗谓“以匾研史，可得史证；以匾研诗，可得诗眼；以匾研书，可得书韵”，信其然矣。伏羌报恩寺东岳庙匾额因其所具有之历史价值、学术价值、文物价值和艺术价值而成为今日研究民族文化发展之实物例证。

已佚匾额

报恩寺六角亭匾额：普陀灵岩，系张濬[①]所题书。已佚。

报恩寺观音阁匾额：心田福地，系张濬所题书。已佚。

报恩寺匾额：云垂卤极，书者姓名待考。已佚。

东岳庙山门匾额：天门，系潘钦岳所书。已佚。

东岳庙匾额：灵应西来，书者姓名待考。已佚。

东岳庙匾额：浩浩天齐，书者姓名待考。已佚。

东岳庙匾额：昊天咫尺，书者姓名待考。已佚。

东岳庙匾额：气宝参天，书者姓名待考。已佚。

注:①张濬(1710—1782)：字心川，号苍崖，乾隆拔贡。幼即工书，丰神峻整，10岁能诗文，有神童之誉。其著作有《苍崖诗集》《苍崖文集》等，并先后参与编修《伏羌县志》（巩志）和《伏羌县志》（周志）。卒后入祀伏羌乡贤祠。《甘谷县志稿·乡贤》有传。

尚存匾额

无为而成

清咸丰七年岁次丁巳

同进士黄成采敬题并书

释本继率 徒释觉凯
善士黄续生 重建敬立

黄成采（1813—1882）：字振斋，伏羌（今甘谷）人。《续伏羌县志·事实》有载，《甘谷县志稿·乡贤》有载。咸丰丙辰（1856 年）进士，着交吏部签掣以知县即用，曾任四川新都、华阳、资阳、西昌、通江、芦山、梓潼、卤昌等县知县，直隶州补用知州，有治绩。

异位同功（悬挂于天门山蛤蟆口甘泉宫）

光绪十八年仲春上浣穀旦

閤社人仝叩

翰林院庶吉士王海涵敬书

王海涵（1858—1922）：字镜潭。县城东街人。幼家贫，力学。清光绪十四年戊子（1888年）中举，光绪十六年庚寅（1890年）中进士，为翰林院庶吉士。后任陕西高陵知县，政简刑清，官民融洽。宣统二年任泾阳知事，后归乡里，热心地方公益事业。

岱云垂荫

清光绪二十五年桃月圣寿　之辰

陕西即补直隶州前知富平县事邑人王权敬　撰

佛教居士林员魏荣璋　敬书

公元一九五七年季春月黄绪生　释本继　重建

魏荣璋（1841—？）：字特卿，秀才，晚清伏羌县城东马巷人。曾办魏氏私塾开馆教学，其书法更为时人称道。

悲度浊劫（现悬挂于大像山大佛东侧）

民国二十三年四月榖旦

念佛弟子何鸿吉敬书

何鸿吉（1882—1948）：字豫甫，号逵仪，又号六白山人，甘谷县金山乡椿树坪人。清末考入兰州甘肃省文高等学堂，大得堂长刘尔炘赏识，保送京师优级师范学堂（北师大前身）深造，毕业回乡后曾在金山镇创办企业并创办了金山镇高等小学，自任校长。民国十四年（1925年），出任伏羌县立初级中学首任校长。民国二十四年（1935年）被甘肃学院聘为教授，曾任甘谷佛教会居士功德林副理事长。其书法浑厚刚劲，苍郁跌宕。

世德作求

六等文虎章分发直隶任用县知事陇东镇守使署军法官愚侄原志坚顿首拜撰

六等嘉禾章前任陕西甘泉县知事己酉科拔贡生愚侄张圯则顿首拜书

原志坚：字忍吾，伏羌银川原家庄（今金川原家庄）人。以秀才身份入甘肃法政学堂毕业，曾任华亭县长。

张圯则：字云桥，伏羌土桥村人。以拔贡生入北京法政学堂毕业，历任陕西甘泉县知事。

现代匾额

天门山

明旸题

明旸法师（1916—2002）：福州市人，原名陈心涛。自幼受母亲的影响，在13岁时拜圆瑛为师，深得大师器重。由于他对佛法领悟极深，常常辩才无碍，口若悬河，被人们称为“神童法师”。后得圆瑛大师的衣钵，为临济正宗第四十一代祖师、曹洞正宗第四十七代祖师。一生弘法利生，道心坚定，广行布施。

天门山

释本继率徒

释觉凯　敬立

甲子春　尹建鼎

本继法师（1912—2006）：甘谷人。报恩寺的重要创建者，在报恩寺搬迁重建、文物保护，特别是东岳庙的维修、新建中做出了巨大贡献，使天门山佛、道共融，成为集念经修行、佛学文化、慈善化人为一体的宗教圣地。

尹建鼎（1922—1997）：陕西渭南人，字半坡，别号半坡书房主人，甘肃省德高望重的老一辈书法家之一。曾担任中国书法家协会名誉理事，甘肃省书法家协会名誉主席，兰州市书法家协会第一任主席、名誉主席，兰州市老年书画协会会长，兰州市青年书法家协会名誉主席等职。

天门春晓

释本继率徒

释觉凯　敬立

甲子年春黎泉书

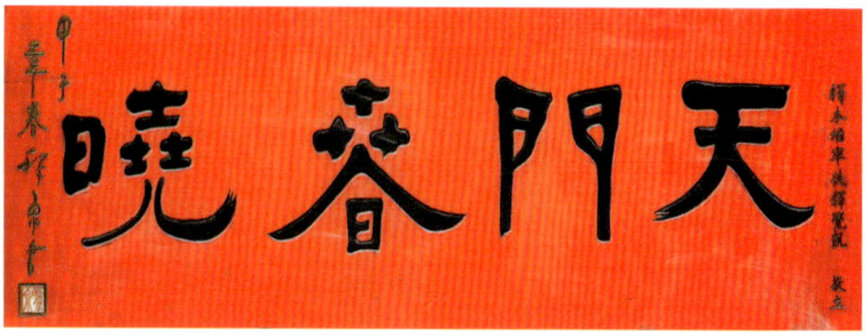

黎泉（1937—2006）：本名赵正，甘肃山丹人。毕业于西北师范学院，长期在甘肃省博物馆工作，曾任陈列展览部主任、副馆长，1990年调入甘肃画院。历任甘肃画院院长，中国书法家协会第一、二、三、四届理事，中国书法家协会学术委员会委员，甘肃省文史研究馆馆员，甘肃书协名誉主席，中国书协培训中心教授等职。先后出版《汉简的书法艺术》《简牍书法》《汉简书法论集》《王了望书法研究》《砚耕集》等著作。

岱岳配天

岁次癸酉年

癸亥月初六日

毅旦

中国书协会员

魏学文沐手敬书

魏学文（1920—1996）：别号雨庵，甘谷县城关镇县府街人。中国书法家协会会员、甘肃省书协名誉理事、天水市书协常务理事、甘谷县老年书画协会副主席。政协甘谷县委员会第四、五、六、七届委员。

映雪堂

甲申正月

春阳

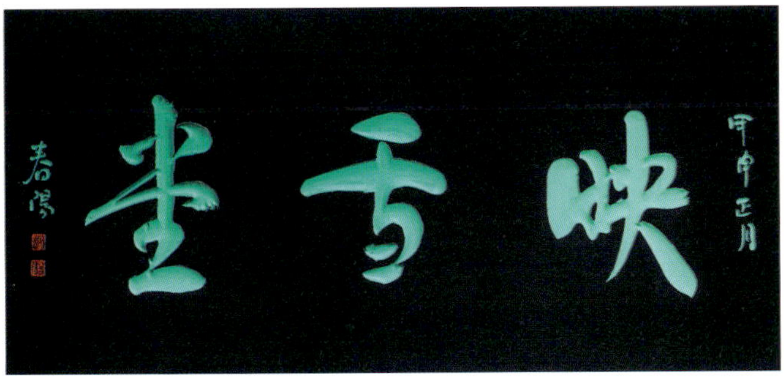

霍春阳：1946 年生，河北清苑人。工艺美术教育家、著名书画家。1969 年毕业于天津美术学院并留校任教至今。原任天津美术学院中国画系主任、教授，现为天津美术学院教授、硕士生导师，天津市中国画学会会长，天津美术家协会副主席，中国艺术研究院教授、博士生导师，中华文化发展促进会理事。同时担任北京大学、清华大学、中国国家画院、荣宝斋等高校和重点艺术机构的教授和博士生导师。享受国务院政府特殊津贴。

烛鉴难遁

己亥天铀书

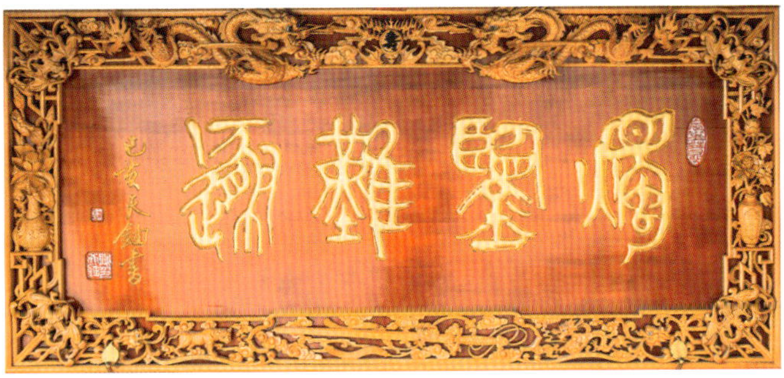

陈天铀：汉族，1945 年 8 月出生于陕西勉县，籍贯江西赣州。号“临河轩主人”。师从赵鹤青（赵翀，胡佩衡先生入室弟子）学习山水画及中国画理论。现为中国美协会员、甘肃省政府文史馆馆员、中央文史馆书画院研究员、甘肃省书画研究院副院长。

彰往察来

己亥春

李恒滨

李恒滨：汉族，1952 年 10 月出生于大连，教授。历任兰州大学副校长、兰州大学党委副书记。现任兰州大学书法研究所所长、甘肃省书法家协会副主席、《视野》杂志总编、恒基金（恒滨未来四方书画教育发展基金会）理事长、甘肃省科技界书画协会主席、中国书法家协会会员。

慈德昭垂

己亥春月

秦理斌

秦理斌：生于 1955 年，笔名文杉（文山），甘肃礼县人。现为兰州大学档案馆馆长，兰州大学书法研究所副所长、研究员。现任甘肃省书法家协会副主席、甘肃省文联委员、甘肃省文史馆研究员、中国书法家协会教育委员会委员、中国高教学会美育专业委员会副会长、甘肃省政协书画研究院顾问。

凌虚台

经文

林经文：1950 年生于甘肃兰州。1994 年毕业于中国艺术研究院研究生部“中国画名家研修班”。现为中国书法家协会会员，甘肃画院专业画师、一级美术师，甘肃省文史馆研究员，甘肃省书法家协会副主席，兰山印社副社长，甘肃画院理论研究室副主任。

五观堂

己亥之春

刘满才题

刘满才：1961 年出生于甘肃庆阳市宁县。号虚竹斋主人、槐香书屋主人。中国书法家协会会员、甘肃省书法家协会副主席。

灵应西来

癸卯秋

津梁书

张津梁：1953 年 10 月生，笔名长木。甘肃省政协原党组副书记、副主席，出版诗集、书法集多部。

护国利民

石新贵书

石新贵：甘肃甘谷人。1965 年 7 月入伍，中共党员。中国人民解放军国防大学毕业，大学学历，少将军衔。曾任中国人民解放军甘肃省军区政治部主任。

春晓亭

辛丑正月

周宇春书

周宇春：1965 年生于甘肃天水，现在天水市城建档案馆工作。系中国书法家协会会员、甘肃省书协学术委员、甘肃省青年书协副主席、天水市原书协主席。

马三将军殿

张臣刚

张臣刚：甘肃甘谷人。1965 年 7 月入伍，1968 年 11 月加入中国共产党，少将军衔。曾任中国人民解放军甘肃省军区副司令员。

恩泽一方

壬寅春月

刘云鹏书

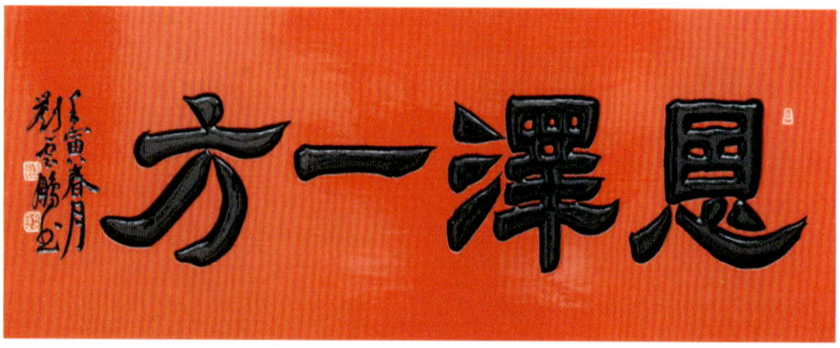

刘云鹏：1974年生，甘肃甘谷人。毕业于兰州商学院，现供职于甘肃省文联文艺理论研究室。中国书法家协会会员、甘肃省青年书法家协会副主席、甘肃省文艺评论家协会副秘书长、甘肃省书法家协会学术委员会秘书长、甘肃书法院院聘书法家。

梅园

鸿斌

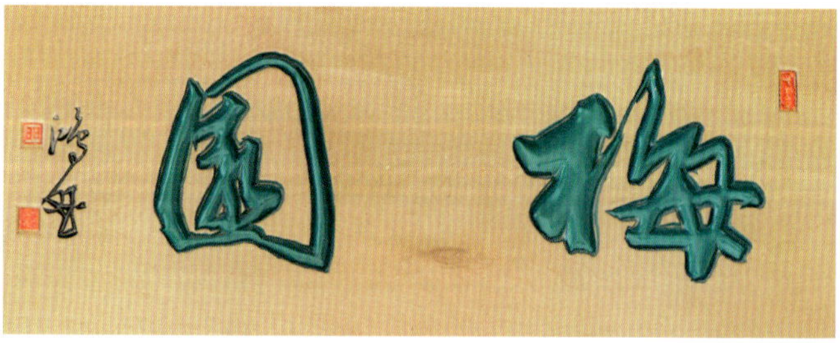

门鸿斌：现为甘肃省书协会员、甘谷县文联主席、甘谷县书协主席。

牡丹园

辛丑中秋

薛虎峻

薛虎峻：山西文水县人，1971 年 2 月生于甘肃靖远县。西泠印社社员，中国书法家协会会员，甘肃省书协理事、篆刻委员会副主任，甘肃省青年书法家协会副主席。

揽月

移世光

移世光：生于 1941 年，甘肃省甘谷县人。本科学历，中学高级教师。甘肃省书法家协会会员。

花雨弥天

逸庐江泊

颉江泊：号逸庐，1988 年生于甘肃甘谷。现为中国书法家协会会员、甘肃省书协青少年工作委员会委员、甘肃省青年书协理事兼楷书委员会副主任、嘉峪关市书协副主席。

财神殿

张升

张升，又名太乐、小乐，生于 1981 年，甘谷六峰人。中国书法家协会会员、甘肃省书法家协会简牍写经专业委员会副主任、甘肃简牍书法院副院长、兰州大学书法研究所特聘助教、天水市书协副主席、政协甘谷县第十四届委员。

楹联，也称楹帖，俗称对联、对子、联语等，言语简洁、内容丰富、音调和谐、形式活泼，是我国特有的一种文学艺术形式。楹联起源于何时，尚无确考。可以简单地说，萌芽发端于春秋《诗经》《尚书》，兴起于唐、五代，繁荣于明，极盛于清代、民国。楹联在寺庙建筑文化中属于不可或缺的部分，由于寺庙建筑是依据古代朝廷宫庙建置，格局方正对称，因此不论寺庙的规模大小，在寺庙楹柱壁墙上均可见楹联文学之展现，小则一副，多者上百副，几可说是无楹不书，无门不联。楹联将智慧和才学、生活和理念、民俗和民情、地理和人文、工作和情趣自然地融入对句中，成为雅俗共赏的社会文化，所以楹联拥有丰富的文化内涵。伏羌报恩寺东岳庙楹联综合了宗教、民俗、文学、雕刻、书法等艺术，是乡邦重要的文史资料。本志收录报恩寺和东岳庙古代楹联 26 副，收录天门山现代楹联 23 副，分别列举于后。

古代楹联

陈长复

陈长复：字来心，清巩昌府陇西县北关长巷人，郎中陈恒之孙，康熙五十九年（1720 年）举人，雍正元年（1723 年）三甲进士。康熙中，曾游学于伏羌潘钦岳先生之门有年，并为其《朱围全集》作序。从《陇西县志》可知先生能文善书翰，而且为文高古，著有《寿山集》《雉羽片毛》《秋吟拟骚》等，文尚存清代武尚仁《搜珠集》中数篇。先生为彪炳史册的楹联大家。以下三联，据考为伏羌报恩寺所作，三大士楼当为报恩寺观音阁，其上顶层中座珞珈山上结跏趺坐观世音菩萨，辅陪的文殊菩萨坐在青狮上，普贤菩萨坐在白象上。骆英家在孙家巷中间，潘钦岳家在孙家巷底之潘家巷，皆距观音阁不过数十步之遥，故而骆英与陈长复皆读书于观音阁上。以下楹联作于报恩寺，历史文化价值弥足珍贵。

读书三大士楼

尚友且陪三大士；

论文更上一层楼。

来心共有两联写到三大士楼，另一联小序言及伏羌骆华山曾读书其中，已得秋捷。来心在伏羌受教于潘钦岳先生门下有年，与潘钦岳先生之好友张玉笋、骆陇伯两家皆有交往。骆华山为骆陇伯次子，为雍正元年举人。此联既可证明伏羌报恩寺观音阁别称三大士楼，亦可证明来心在伏羌读书受教有年。

三大士楼

骆华山①读书此楼得秋捷，春捷可卜，时已拣选。

危坐大士前，喜来飞身紫汉；

高挹慈云后，好去霖雨苍生。

①骆华山：骆英，字华山，骆继宾先生次子，清雍正元年癸卯（1723年）恩科举人。初任陕西韩城县教谕，次任河南正阳县、广东澄迈县知县。先生性地忠耿，廉洁清高，文采飞扬。

三大士殿

普不私身，大不小己，殊不同流合污，兼收无遗处，便是入千圣室中，实享快活，那境界才是成名本领；

士能尚志，贤能修德，文能纬地经天，直任勿让时，方拔出三人脚下，自显神通，这讽喻莫负为我婆心。

李则广

李则广（1793—1861）：字旷西，号天一，晚年自号看云道人，甘肃巩昌府伏羌县（今甘谷县）人。清道光戊子科（1828年）陕甘亚元，壬辰科（1832年）进士。历任浙江奉化、四川青神、云阳、彭水知县。一代廉吏，所至有异政。儒道皆通，善治古文，尤善撰联，所作对联深蕴哲理，而又风趣生动。其文章酣畅淋漓，独出心裁，绝无蹈袭雷同之弊，引经据典常能化陈为新，变腐为奇。其书法别开生面，自成一家。《甘谷县志·艺文志》称“清道光年间邑中善书者，首推李旷西先生”。致仕后，主讲陇右各书院，榜其斋为“此山中”。屏却世故，以善终。据传，谢家庄改名柳汁村，系先生据“柳汁染衣”故事所为，故事出《三峰集》说李固及第事。先生及进士第，始用此典改村名。

伏羌天门山东岳庙山门

五大夫松秦避雨；

小天下石孔登峰。

祝报恩寺复庵和尚七旬整寿

祇园[①]旧种恒春树；

梵宇新开益寿花。

①祇（qí）园：佛寺的代称。梵宇：佛寺。

伏羌北街报恩寺药王庙联（一）

药以疗疾，勿之可也，诚正一脉辨开人关鬼关，细细察来偏方总是用不得；

王能造命，亶其然乎，中和两丸保管未发已发，平平服去素字到底没有差。

此联上下联第一字嵌入“药王”二字。“勿之可也”对“亶其然乎”，“一脉”对“两丸”，“人关鬼关”对“未发已发”，“细细察来”对“平平服去”，“偏方总是用不得”对“素字到底没有差”，对仗工稳。联中“诚正”“中和”系儒家经典核心命题。“诚正”系指诚意正心，“中和”系指：喜怒哀乐之未发，谓之中；发而皆中节，谓之和。先者属儒家《大学》八条目，后者属儒家《中庸》首章概念。将“诚正”比作脉络，将“中和”比作药丸，妥帖形象，启人深思。由此联便可一沐儒家大道之洗礼，箴劝之功大矣！

伏羌北街报恩寺药王庙联（二）

从有恒得手，疲癃残疾，歌呼千岁，化已成乎，谁知还在犹病天下；
以不忍为心，金石草木，秀吐三春，术无他也，自是常怀将入井中。

《论语·子路》：子曰：“南人有言曰：‘人而无恒，不可以作巫医。’善夫。”“不恒其德，或承之羞。”子曰：“不占而已矣。”这里可以看到圣人对健康与生命的尊重。所以做一个好医生，必须“从有恒得手”。“以不忍为心”出自《孟子·公孙丑上》：孟子曰：“人皆有不忍人之心。先王有不忍人之心，斯有不忍人之政矣。以不忍人之心，行不忍人之政，治天下可运之掌上。所以谓人皆有不忍人之心者，今人乍见孺子将入于井，皆有怵惕恻隐之心，非所以内交于孺子之父母也，非所以要誉于乡党朋友也，非恶其声而然也。由是观之，无恻隐之心，非人也；无羞恶之心，非人也；无辞让之心，非人也；无是非之心，非人也。恻隐之心，仁之端也；羞恶之心，义之端也；辞让之心，礼之端也；是非之心，智之端也。人之有是四端也，犹其有四体也。有是四端而自谓不能者，自贼者也；谓其君不能者，贼其君者也。凡有四端于我者，知皆扩而充之矣，若火之始然，泉之始达。苟能充之，足以保四海；苟不充之，不足以事父母。”此联通过说如何为人治病阐述了儒家的治国之良方，善莫大焉！

伏羌天门山东岳庙联

祇应孔子登，天下犹小[①]，岂止泽沾龟蒙[②]青土[③]；
不许季氏旅，林放且知，何偏恩在马耳黄窑。

①“祇应孔子登，天下犹小”指的是孔子“登东山而小鲁，登泰山而小天下”的典故，出自《孟子·尽心上》。孔子登上鲁国的东山，整个鲁国尽收眼底；登上泰山，天地一览无余。表面上指泰山之高，实际指人的眼界、观点要不断寻求突破，超越自我。用超然物外的心境来观看世间的变幻纷扰。季氏，又称季孙氏，指季康子，春秋鲁国大夫，名肥，把持朝政。林放，字子丘（邱），春秋末鲁国人，故里在今山东新泰市放城镇。其生卒年无考，约与孔子同时代，以知礼著称，曾向孔子问礼。《论语·八佾》：“林放问礼之本，子曰：‘大哉问。’”后世尊为先贤。相传他终生不仕，隐居泰山，高卧山林，放浪于松石云水之间，向进山香客宣传孔子的学说，并给当地山民传授礼、乐、书、数等文化知识，做了很多有益于人民的事情。《论语·季氏》有“季氏将伐颛臾（zhuānyú）。冉有、季路见于孔子曰：‘季氏将有事于颛臾。’孔子曰：‘求！无乃尔是过与？夫颛臾，昔者先王以为东蒙主，且在邦域之中矣，是社稷之臣也。何以伐为？’”孔子对季氏的作为是否定的。通过对季氏企图兼并颛臾的批评，阐发了孔子“为国以礼”“为政以德”的主张。

②龟蒙：龟山和蒙山的并称。均在山东省境内。二山连续，长 80 余里，其西北一

名进士李则广遗作

丙寅年四月上瀚武克雄补书

联中『只、因、门』三字书写有误

段名龟山，东南一段名蒙山。主峰龟蒙顶海拔1156米，为山东省第二高峰，被誉为“岱宗之亚”。“孔子登东山而小鲁”中的“东山”即指龟蒙山。

③青土：指东方之地，日出之所。《淮南子·时则训》：“东方之极，自碣石山过朝鲜，贯大人之国，东至日出之次，榑木之地，青土树木之野。”庄逵吉校注：“《太平御览》此下有注云：‘皆日所出之地也。’”

彭廷瑞

彭廷瑞：字玉山，甘肃巩昌府伏羌县（今甘谷县）人，光绪举人。

题魁星阁[①]联

（一）

斗量夺锦之才，到手鳌头须稳步；

笔点生花之梦，从教雁塔曾题名。

（二）

笔悬不作人间字；

斗大能量天下才。

①魁星阁：在甘谷城东南柳家坡上一峰顶，现已毁坏，仅存底座。

王权

王权（1822—1905）：字心如，号笠云，甘肃巩昌府伏羌县（今甘谷县）人，道光二十四年（1844年）中举，历主讲岷州文昌、秦州天水、宁远正兴、文县兴文四书院。

同治十一年（1872年）任陕西延长知县。后历任兴平、富平知县。著有《笠云山房古文集》《笠云山房诗集》《秦州直隶州新志》《舆地辨同》《辨同录》《典昉》《诂剩》《童雅》《炳烛杂志》《全国郡县沿革略》《古今同姓录》《甲子编年》等著作十余种。兰州大学出版社已将甘谷宋茂如先生整理其诗文集，合刊为《笠云山房诗文集》出版。

天门山[1]东岳庙正殿联

云行雨施，不崇朝[2]而遍天下；

理大物博，祖阳气之发东方[3]。

①天门山，伏羌城南名山，上有天齐庙。此联为有心人近年根据旧版摹写砖刻于天齐庙山门两侧。何年何人撰、何年何人书，都很清楚，撰者为王权先生。又有资料说此联为清代赵翼所撰，《檐曝杂记》有载。《对联话·卷三·题署三》说此联为明代缪昌期所撰。学术公案，俟后再考。

②不崇朝：典出《诗·卫风·河广》："谁谓宋远，曾不崇朝。"郑玄笺："崇，终也；行不终朝，亦喻近。"意思是不到一个早晨，形容时间短暂。

③祖阳气之发东方：典出《礼记》："亨狗于东方，祖阳气之发于东方也。"乡饮酒礼的牲用狗，在堂的东方加以烹煮，这是效法阳气发自东方。《礼记正义》："亨狗于东方，祖阳气之

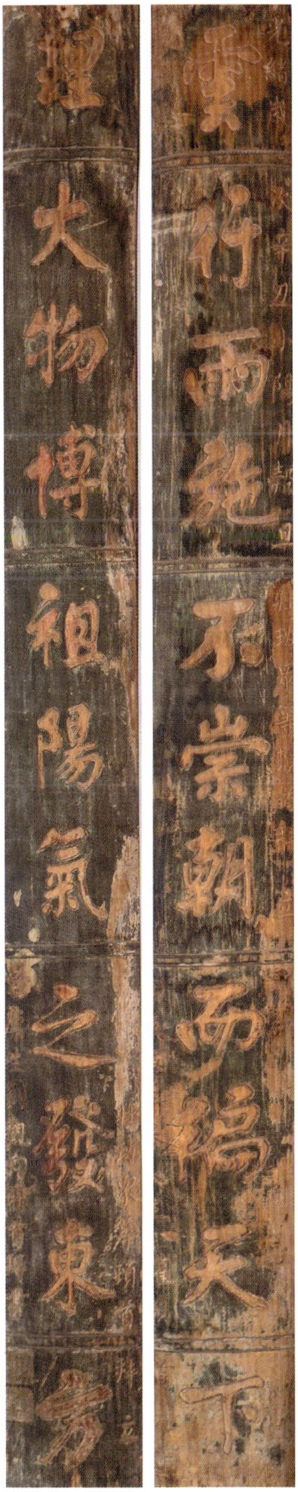

东岳庙正殿联

光绪岁次辛丑小阳月榖旦壮班众等顿首拜　立

甲辰恩科举人王权顿首拜撰

邑庠生刘观向顿首拜书

发于东方也。祖，犹法也。狗，所以养宾。阳气，主养万物。”

潘锡钧

潘锡钧（1897—1969）：字子和，笔名醉狂，甘谷磐安镇人。毕业于西北大学，先后任教于西宁、张掖各地，后任甘谷中学教员，善书画。著有《陇上行》《拾零集》。

天门山魁星阁联

巨笔点三台，斗炳光芒辉紫凤；
神灵周六合，文星灿烂占金鳌。

任廷飏

任廷飏（1849—1931）：字赓六，主清伏羌人。光绪十五年（1889年）进士。分发刑部供职，精研法学，功赏加四品衔。光绪二十七年（1901年）后，历任资议官、补法部编置司员外郎、兼承参厅坐办。工诗善画，编纂有《重修甘谷县新志》四册。

东禅院花圃联

为邀月影重开径；
恐隔花香半下帘。

宋廷桢

宋廷桢（1854—1930）：字挺生，甘肃巩昌府伏羌县（今甘谷县）人。前清时任陕西渭南县丞。辛亥后返里，佐伏羌县城防局总办王镜潭先生经理城防。王卒后继任总办，倡浚通济、陆田二渠，通济灌面40余里、陆田20余里。民国十九年（1930年）续建北塔，基甫成而公去，卒年七十有六。宋梓系其长子，以创办甘谷中学，人品清高，名重当时，乡人称其为“父子乡贤”。

天门山东岳庙山门联

门可通天，仰观碧落星辰远；

路承绝顶，俯瞰渭川峦屿低。

又有其他文献说此联为衡山南天门联，学术公案，俟后再考。

东岳庙山门联

己亥仲冬　好雨林涛书

旧联已佚，现西山门楹联为己亥仲冬林涛补书

时从夏

时从夏：陕西华县人，清光绪伏羌知县。

天门山东岳庙戏台联

歌管播佳音，响答四山昭瑞应；

楼台雄绝顶，势高百尺现奇观。

杨泮沼

杨泮沼：甘肃巩昌府通渭县（今甘谷县八里湾乡）人，清光绪秀才，曾在伏羌县城北关谢家庄东岳庙举办私塾，开馆教学。

题天门山

位镇天门，昭显应于当亭，民安物阜；

职司衡岳，受馨香于万代，雨顺风调。

东岳庙戏台联

光绪十四年岁次戊子季秋月中浣 穀旦

知伏羌县事关中时从夏 敬立

安履祥

安履祥（1881—1963）：甘肃甘谷城关孙家巷人。字书芝，号啸云。多才艺，时人尊称“安师父”。光绪三十年（1904 年）以秀才身份考入甘肃国文高等学堂，毕业后历任庆阳中学教员、河州中学校长、伏羌模范高小校长、甘谷中学教员。

悟云和尚[1]禅院花厅联

这个和尚，兴也高，皮也顽，不嫌鱼苗花课，待李接张，游人恍在香华海；

甚么廊垣，月之皎，雪之洁，可惜晋字唐诗，东涂西抹，妙法何如色相空。

此联句式新颖，诙谐幽默，生动活泼，意蕴深厚。书芝与悟云和尚之交情堪与东坡和佛印之交情相媲美也。亦可传为一段佳话。

①悟云和尚：释源深（1874—1938），法名源深，字静清，号悟云，伏羌县僧会司最后一任僧会，报恩寺方丈，其人善书画。民国十年（1921 年）与南街李绣鏞、北关西巷舒鸿绪一同首事修葺大像山大佛殿，改同治末三间五层为五间三层。民国二十二年（1933 年）释源深重建释紫光墓碑。

题东岳庙

光绪二十二年岁次丙午桃月圣寿之辰 邑庠员杨泮沼 敬书

信心弟子杨汝桢等 44 人 敬叩

代悟云和尚挽李兴伯[①]先生

才俊无双，君自为陇南名士；

年华不再，我独叹冀北空群[②]。

①李兴伯：李蔚起（1887—1935），字兴伯，号渭渔。甘肃伏羌（今甘谷）人。甘肃文高等学堂毕业。民国二年（1913 年）任伏羌县立第一高等小学首任校长，继任县劝学所劝学总董、甘肃省议会议员、甘肃政报局局长、榆中县县长。与张维、王竹铭纂辑《甘肃人物志》（1926 年出版）。

②冀北空群：意思是优秀的人才或珍贵的物品被挑选一空，比喻人才缺乏。唐·韩愈《送温处士赴河阳军序》：“伯乐一过冀北之野，而马群遂空。”

王廷旭

王廷旭：甘肃巩昌府伏羌县（今甘谷县）人，晚清秀才。

天门山楹联

说封禅七十二家，附会拘牵，后世莫知典礼；

去泰岱三千多里，合云徧雨，崇朝应到天门。

东岳庙楹联

民国十二年岁次癸亥桃月下浣穀旦

邑人王廷旭敬题

首事人等敬立

魏鸿发

魏鸿发（1887—1982）：字绍武。甘肃伏羌（今甘谷）人。宣统元年（1909 年）毕业于保定陆军速成学堂，先后任甘肃省陆军一标一营书记长、甘肃军务厅科员、振武军总教练官兼中路各军宣讲员，官阶陆军少校。辛亥革命爆发，曾与李镝、任丹山、李象德赴天水协助黄钺起义，成立甘肃临时军政府，任招讨使司令部一等参谋官。民国四年（1915 年）起，历任陇东镇守使镇署中校参谋、新军统领、都署参谋长兼省垣卫戍司令、甘肃省陆军第一混成旅旅长、甘肃道尹、冯玉祥部总司令部参事、省道管理处处长，改进化剧社为觉民学社，兼社长。1928 年任宁夏省政府委员、建设厅长兼财政厅长。1931 年马鸿逵任宁夏主席时，任省道管理处处长。1935 年离宁寓居北平。1938 年携眷返兰，在世界红十字会兰州分会从事慈善事业，创办慈育小学，任校长，继创办难民收容所、难民习艺工厂、难民施诊所等。中华人民共和国成立后，被聘为文史馆馆员，当选政协甘肃省第四届委员会委员、常务委员。魏绍武参与了《甘肃新志 • 近百年大事记》第二部分的编写工作，撰写《辛亥革命至国民军入甘前后大事记》，编出《辛亥革命在甘肃》稿本。魏鸿发撰此联时为陆军少校。

恭颂大禅师凝空上人炼行①志庆

皈守金刚经②，昙云③自昔普荫；

炼成铁罗汉，慧月④于今常悬。

此联为魏鸿发撰，李象德⑤书。据考为清末民初（1912—1914 年）所撰。昙云、慧月，金刚经、铁罗汉对仗颇妙，亦切佛教之旨。

① 炼行：指学道修行。

② 《金刚经》：全称《金刚般若波罗蜜经》，是大乘佛教般若部经典之一，被尊为经中之王。禅宗自六祖惠能听诵此经而开悟以来，由于各祖师的提倡，地位甚高。《孝经》《道德经》《金刚经》为三教中最重要的经典，唐玄宗亲自为此三经作注。

恭颂大禅师凝空上人炼行志庆

恭頌
大禪師凝空上人鍊行誌慶
皈守金剛經曇雲自昔普蔭
鍊成鐵羅漢慧月於今常懸
特授六等文虎章前甘肅軍務廳科員現任振武全軍教練官兼中路各軍宣講員陸軍少校愚晚魏鴻發頓首拜贈
甘肅高等學校畢業伏羌縣警備隊隊長愚晚李象德頓首拜書

恭 颂

大禅师凝空上人炼行志庆

特授六等文虎章前甘肃军务厅科员现任振武全军教练官兼中路各军宣讲员陆军少校愚晚魏鸿发顿首拜赠

甘肃高等学校毕业伏羌县警备队队长愚晚李象德顿首拜书

③昙云：密布的云气。昙还可用于梵语 dharma；昙摩，意为法，佛法。

④慧月：佛教谓能破除众生烦恼（又称热恼）的智慧。月光清凉，故以为喻。明唐顺之《游嵩山少林寺》诗："慧月秋逾彻，泥珠夕更鲜。"

⑤李象德（1882—1961），字润轩。甘肃伏羌（今甘谷）人。甘肃文高等学堂毕业，后入北京警官学校，毕业后，历任伏羌县警备队队长、兰州警署署长。辛亥革命爆发，与任丹山敦促秦州黄钺回应。民国二十三年（1934 年）任甘谷中学校长，民国二十六年（1937 年）辞职。中华人民共和国成立后当选为甘谷县政协委员。工书，善画。

任丹山

任丹山（1886—1948）：原名任凤翩，号铁肩。甘肃伏羌人，前清秀才。好学工诗，尤精翰墨。入甘肃武备学堂，继又入兰师学堂，毕业后任两当小学教员。辛亥（1911 年）参加黄钺领导的秦州反正，任甘肃临时军政府总务处总务员。民国二年（1913 年）组织国民党甘谷支部；三年（1914 年），任伏羌县议会议长；七年（1918 年），任省议会议员。喜临池，书法曾省评第一。著《小春秋》及《苜蓿园诗草》二十卷，均佚。

沙石坡众居士恭祝大法师续空、广生荣膺甘谷佛教会理事长、监事长纪念

念几声佛号，护法士，众居士，无非觉人觉世；

凭一点心田，宗教家，革命家，都是大慈大悲。

大法师续空、广生荣膺甘谷佛教会理事长、监事长纪念
沙石坡居士王举佐、王发吉、王振吉、王天象、王天锷、蒋生林、王象鼎、王立鼎、王树荣、王育生、杨遂闲、魏招林、黄招喜、郭掷掷、李金祥、何润身、王连巧、何转连、王俊云、蒋勿鍜、杨俊河、李物物、黄清秀、冯梨茂、曲至仁、蒋存有、蒋存娥、郭本桂、艾美桂、蒋德全全体恭贺

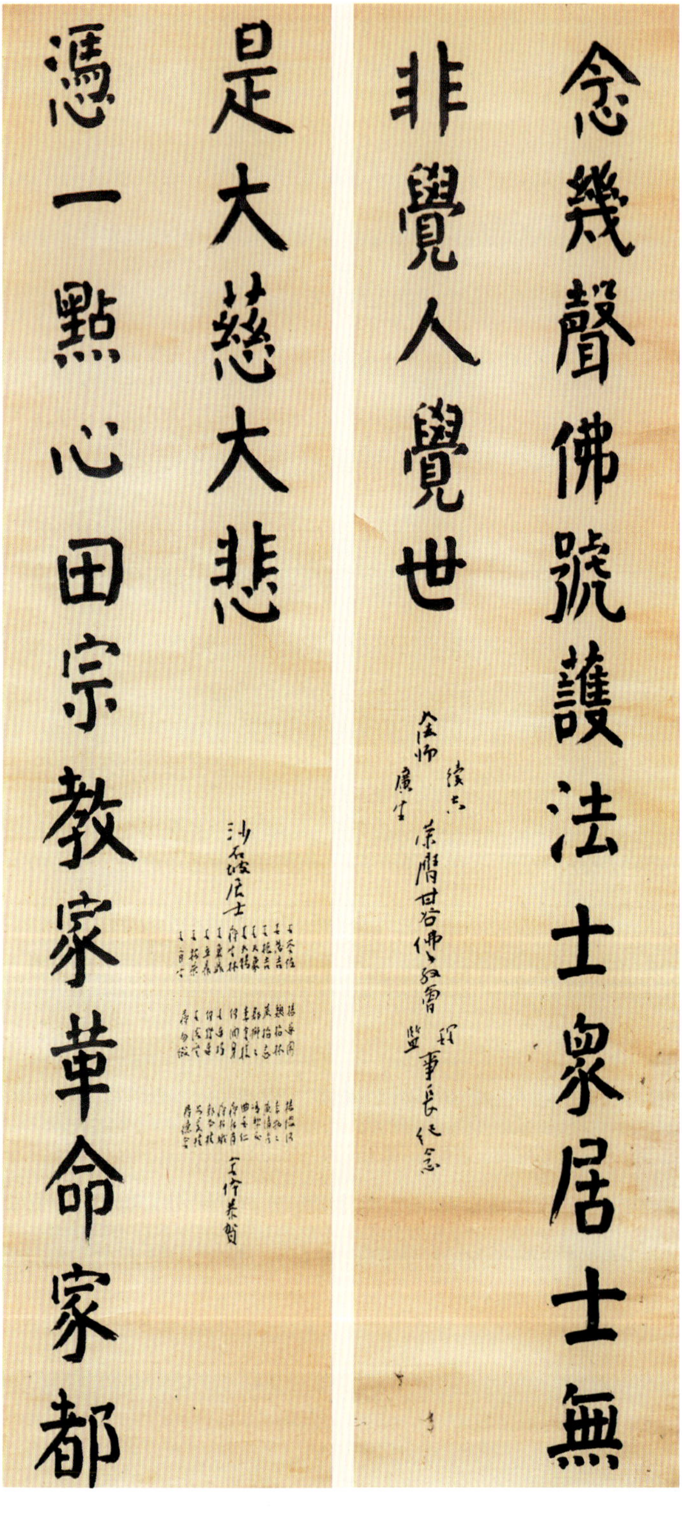

念幾聲佛號護法士衆居士無
非覺人覺世
是大慈大悲
憑一點心田宗教家革命家都

沙石坡众居士恭祝大法师续空、广生荣膺甘谷佛教会理事长、监事长纪念

念几声佛号，护法士，众居士，无非觉人觉世
凭一点心田，宗教家，革命家，都是大慈大悲

魏荣璋

为本德上人题

意古于天无俗气；

德威如佛自庄严。

佚名联

佚名联一

要合天心，还须孝弟忠信；

最撄神怒，无非奸盗邪淫。

佚名联二

万仞参天，从星云霄汉之中，直接玉皇香案；

一峰拔地，经兵燹烽烟而后，重瞻泰岱灵岩。

佚名联三

玉书呈祥，凛若风霆鼓铸；

云宫现瑞，俨然雷雨经纶。

佚名联四

报应当前，扪心自问今生事；

孽满身后，低首先修来世因。

佚名联一

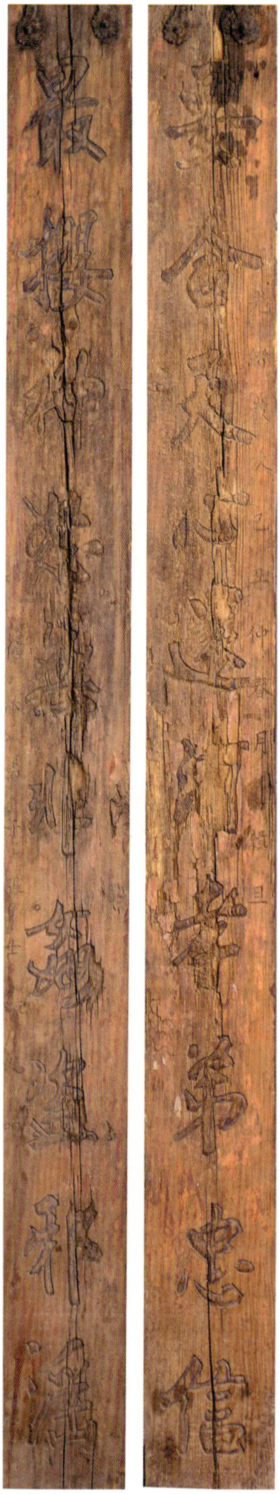

光绪岁次己丑仲春月　縠旦　信心弟子张士元、张士魁　敬

佚名联二

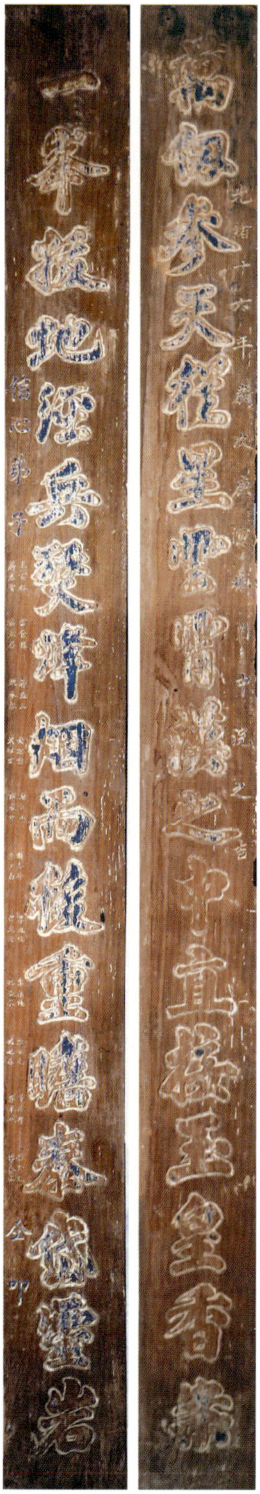

光绪十六年岁次庚寅桃月中浣之吉　信心弟子王百林等二十二人　仝叩

佚名联三

光绪壬寅年桃月圣寿之辰　信心弟子尹文翰虔心敬叩

佚名联四

光绪三十一年岁次乙巳桃月穀旦　邑生员郭绍堂敬书　合会人等仝敬叩

现代楹联

王元顺

王元顺：甘谷县大像山镇人，中医师。

天门山

此地曰天门，呼吸俯仰三千界；
灵峰承东岳，风云锁镇九万重。

天门山春游会联

溯古城数千年历史，自羲皇画卦，启世文明，白云苍狗，悠悠长河，而今天门见演化；

看祖国八万里疆图，喜陇头放歌，连年丰稔，绿水青山，熙熙盛世，自有百姓庆承平。

天门山戏台

九重天门云滚滚，畏途难攀，看满目青山，山上游人，谁能捷足凌霄殿；
一脉东岳雾蒙蒙，诚情可到，听盈耳秦剧，剧中佳丽，莫过醉心牡丹亭。

天门山三月八春游会

一年一度朝天门，饱览锦绣山色，碧云秀峰，蛤蟆泉香，牡丹盛古刹，无限风光总多情，红了山花，绿了杨柳；

三月三春赏秦剧，细演古今情怀，青苗遍野，豆棚日暖，牛铃摇春光，似此父老真无愧，移过大山，追过日头。

雒翼

雒翼：1944 年生，字云若，甘谷磐安镇人。西北师大中文系毕业，曾任甘谷一中校长。甘肃省特级教师、全国优秀教师。现为甘谷老年大学副校长、甘谷县诗词学会会长。

题天门山赏善殿联

堕入迷津，始悟平生修路少；

诞登道岸，方知到处架桥多。

李果

李果：甘谷大像山镇人。书法家、诗人、联家。

天门山

九天无私，天若有情天亦老；

荆门有法，门如无善门不开。

题天门山赏善殿联

岁次辛丑之夏

雒翼撰联 槐堂尚墨书

李来子

李来子：1956 年 9 月生，笔名无言，号三鸽斋主人、补阙堂主、五百石奴仆。甘肃省甘谷县人。老山对越自卫还击作战二等功臣。现为中华诗词学会会员、中国楹联学会会员（书画艺术委员会委员）、《中国对联作品集》特约编委、甘肃省楹联学会常务理事、天水市楹联学会副会长、甘谷县楹联学会副会长。著有《三鸽斋吟稿》《天籁鸣空集》。

题天门山

气贯长虹，观象欲揽南天月；
脉通岱岳，登峰犹听东海涛。

题天门山东岳庙

紫气托天门，峰插北辰，脉通东岳；
青云浮殿宇，西屏渭水，南峙陇山。

天门山春游会戏台联之一

杲日镀天门，看翚飞古寺，雩举南山，三月梨花香梓里；
春风蒸渭水，听瑟鼓新潮，笙旋北斗，一腔羽曲奏人文。

天门山春游会戏台联之二

纵身将石鼓搬来，搭起高台，唱成大戏，大吕铿锵喧北斗；
揽臂把朱川挽住，吹新古调，拨响长弦，长腔镗鞳涌西京。

王文婧

王文婧：女，80后，网名竹林月影。甘肃甘谷中学教师。中华诗词学会会员、甘肃省楹联学会会员、甘谷县王权学术研究会理事。

天门山大门联

二百寻寺门遥望，聊共拜金身，消除万般俗虑；

三千界法音广诵，且同登宝筏，普度一切生灵。

天门山宋代牡丹联

国色有情，老枝千载开生面；

禅门非寂，细雨三春润慧根。

王存录

王存录：1982年生，甘谷县西坪乡人。2006年毕业于天水师范学院文史学院。甘谷县文旅局局长、甘谷县作协副主席。

游天门山联

渭水掩城垣，峻岭朝霞，拄杖僧归云雾里；

孤峰撑阁塔，悬崖飞瀑，倚栏人在画图中。

杨君珍

杨君珍：甘谷磐安人，供职于行政部门。

题天门山景观联

杏园，梅园，牡丹园，园园竞秀；
昨日，今日，未来日，日日增辉。

王军玲

王军玲：女，1974 年生，甘谷新兴镇人。甘谷西关中学语文教师。甘肃省诗词学会会员、甘谷县诗词学会理事、甘谷县文联理事。

题天门山梅园

借君梅影三分趣；
赐我禅心一阕诗。

张梓林

张梓林：号汉阳山人、双扇堂主人，甘肃甘谷大像山镇人。现为中华诗词学会会员、甘肃省楹联学会理事、甘肃省地方史志学会会员、甘肃省诗歌创作研究会理

题天门山梅园

辛丑荷月 王军玲撰 张泽中书

事、甘谷诗词楹联学会副会长、甘谷县王权学术研究会副会长兼秘书长、甘谷县巩建丰研究会副会长兼秘书长。

题甘谷天门山山神土地庙联

能载能生，蕴玉藏金缘德厚；

可依可靠，驱狼驯豹护民安。

题天门山报恩亭联

满腹伤痕花月慰；

千秋旧梦水云知。

题承斋亭联

（一）

护法守残阳，看秋红满眼飞，籍甚功劳谁与并；

稽天伤巨浸，问血泪千行落，劫余城郭近何如。

（二）

花开花落，丹心酬故土；

雁去雁归，热泪洒天门。

题天门山山神土地庙联

邑人张梓林撰 辛丑冬郑睿之沐手

题东岳庙甘泉宫联

（一）

古岳当亭峙；灵湫抱月流。

（二）

揪心天下浊；著眼水中清。

王正威

王正威：1965 年生。天水师范学院文学与文化传播学院教授，九三学社社员，政协天水市委员会第五、六、七届委员，天水师范学院诗书画协会会长。

题天门山春晓亭

凭槛裁云，品题三月杏花雨；

临虚悟道，吐纳四时清渭风。

杏园门联

一帘皓月洒幽径；

满袖杏花望冀川。

题天门山春晓亭

岁在辛丑正月之时

王正威撰联 张平敬书

卷

七

诗词杂记

◎古代诗词

◎现代诗词

◎现代碑记

本卷收录报恩寺和天门山古代诗词32首，现代诗词30首。分别列举于后。

古代诗词

张一宏

张一宏：明副使。生平待考。

道经伏羌

公署①邻僧刹，钟声远近闻。
随车三日雨，出岫一天云。
富岁堪修武，丰年可尚文。
虽然衰鬓短，来往未辞勤。

①公署：在报恩寺左。

曹琏

曹琏：字廷器，永兴人。明宣德四年（1429年）以诗中乡试第一。初任四川嘉定州学正，荐擢河南提学佥事，迁陕西按察副使，寻擢大理少卿，参赞延绥军务。

伏羌纪事

百里平川入冀城，伏羌谁改旧时名。
风云半掩天门近，瀑布遥连渭水清。
阳谷霜寒啼鸟乱，赤崖风细落花轻。

泮宫咫尺行台侧，喜听诸生弦诵声。

唐臣

唐臣：明代澄江人，巩昌府知府。

过伏羌

公署遥瞻渭水漪，天门山耸两峰奇。
颓阶雨滑新苔色，老瓦风欹碧树枝。
短短稻苗才出水，稀稀柳絮尚沾衣。
巩昌寄寓澄江客，谁遣灯前拨闷卮。

赵廷瑞

赵廷瑞：明给事中。生平待考。

过伏羌

九折天门回峻阪，凭高晓日见孤城。
地连古砦元羌俗，吏出空山迓汉旌。
小市人家罗板屋，流沙驿道达瑶京。
征求荒邀谁宽汝，安得河湟永罢兵。

王一经

王一经：江南吴县人，拔贡，顺治十年（1653年）任伏羌知县。

初度柳家坡

巅云忽断度丰川，斗大孤城绕渭前。
周望四隅如截玉，殷阗万井拥迷烟。
青村蓊郁千林树，沃野纵横五色田。
百里滥应惭制锦，敢云凫舄比前贤。

蒋薰

蒋薰（1608—1692）：字闻大，又字南纮，号毅安，又号丹崖。原籍浙江海宁，后迁往嘉兴梅里。崇祯九年（1636年）举人，清康熙二年癸卯（1663年）任伏羌（今甘肃甘谷县）知县。据《伏羌县志》载，蒋薰"不侮小民，不屈大吏"。他在伏羌任期两年，办了许多实事，如兴建渭河桥、重修蜀汉名将姜维的祠堂等，受到当地百姓的爱戴。

柳坡行

羌城东望柳家坡，坡下蹒跚坡上歌。朝朝暮暮行人去，回头愁见中滩河。林有毒蛇水有蜮，啾啾鬼哭丘墟多。　　枳棘蒺藜滋宿莽，凤凰麒麟将奈何。归可矣留则，君不见，雪雾消尽椒兰发，南国春风长绿萝。

早登柳家坡

匹马上高丘，寒披五月裘。
烟青深柳岸，山折带河流。

出郭鸡鸣树，闻钟雨过楼。
羌人吹笛晓，肠断陇西头。

游天门山

小驷行空蹴紫氛，一声清磬隔林闻。
寺门半落峰阴雪，城郭平分渭北云。
心净我游惠远社，碑残人索彦和文。
归来日夕披荒径，前路随车下鹿群。

潘钦岳

潘钦岳：（1636—1720），字友海，号墨庄、切庵、可亭，清初陕西巩昌府伏羌县（今甘肃甘谷）城内县府街潘家巷人。岁贡，未仕。其人古积学，老而弥。负性高明，胸襟潇洒，以能文善书知名陇右。学使王公造庐尊礼之。所著有《朱囿文集》诗歌古文辞。先生行五，里人尊称“潘家五爷”，善卜卦，称“潘半仙”，康熙五十九年（1720 年）卒，享年八十有五，可谓安且成矣。《伏羌县志》有载。

天门雨霁

雨霁推明窗，静仪观太岱。
天门二里南，翠色真堪爱。
舒卷任浮云，青山万古在。

登太山庙

有天门匾，武夫子命予书者

城南立三峰，突兀青天上。

日出照神京，气势森万象。
民物分当初，泰岱为之长。
禅坛向西开，白云自来往。
扫云坐其隈，乾坤纵俯仰。
长啸空人群，极目天门榜。
万户蚁垤民，中流一派漭。
朝霞千祥明，暮霭百道幌。
对之坐终日，恍在仙人掌。
寄我一首诗，逸响天地赏。
归来漫吟哦，信口赏铿锵。

大像山紫光和尚开经度亡

春来像顶紫光浮，蹑履何须觅惠休（僧善诗赋）？
飞锡天边鹤让迹，谈经月下石点头。
朱峰鹫岭层层现，渭水恒河滚滚流。
大地此时开法界，寒灰枯木尽忘愁。

天门春晓

其一

三峰耸秀插天门，分外春光晓日炖。
携句登高超世界，凝睛俯瞰小乾坤。
朱山上下村庄合，渭水北南舣棹屯。
宁仅吸呼通帝座，清平一统看中原（末用太白事颂李公，更期再用）。

其二

谁着巨灵辟梵宫？如如妙像坐虚空。
衣珠遍撒星辰乱，眼慧高悬日月通。
天上法华每坠雨，檐前贝叶频翻风。
怕河苦海岸何处？普渡慈航倩大雄（前有渭河）。

其三

倚南标翠立天门，春日融和春景焞。
放眼恍凝览日月（古诗"欲上青天览明月"），立身自是别乾坤。
耕耘遍地三农乐，击壤遥村万姓屯。
漫道岩疆无意致，江山入座在川原。

菩萨蛮·柳坡送行人

柳坡山半送行客，西风飒飒扑春雪。此去向江南，匆匆不忍别。　停车聊醉酒，相对人呜咽。珍重语刘郎[1]，梅花勿惮折。

①刘郎：杭州刘凤卜也。

乙未三月廿八同张玉笋、骆陇伯、常亦仙登东岳庙

暮春谒岱宗，山径行难了。
畏老力才衰，举头路竟杳。
淡烟随足生，微日摩顶晓。
朱山似蚁封，渭水一线绕。
俯察与仰观，恍凌天际表。
真个与天齐，一登天下小。

天门送行

天门山半送我师，师去当亭系我私。
善政功高朱岭削，深仁泽远渭水弥。
执经问难三秋契，把酒临风千里思。
知遇恩隆何所报？御书还望促丹墀！

曹思义

曹思义：字紫瓒，号荷村，江南无锡进士。康熙五十一年（1712 年）任伏羌知县，卒于官。有诗见《伏羌县志》。

天门春晓

秦陇名山眼底收，天门翠耸更无俦。
云开平野田畴绣，雾散高城楼舍稠。
策马传呼农务亟，戴星遥瞩曙光浮。
兴来捉笔无奇句，未许题诗在上头。

殷兆燕

殷兆燕（1714—1801）：字会詹，号翼轩，又号樗村，清江苏江阴人。乾隆十九年甲戌（1754 年）科殿试二甲进士。乾隆二十九年（1764 年）会詹公任伏羌县知县，其时伏羌城池历风雨侵蚀雉堞仅存，而周墉大半坍塌，乾隆三十一年（1766 年）领帑银一万八千两领修城池，捐建魁阁于东南隅，又捐朱圉书院膏火银三百五十两，有惠政。以子圻赠奉政大夫宝庆府同知，有诗集《偶存草》《涴花轩》，已佚。

杂 感

误入昏衢少烛龙，数从萧寺寄浮踪。
柝声敲落边城月，旅梦惊回隔院钟①。
火冷药垆灰尽死，风穿窗隙纸难封。
开帘怅望南天末，云树苍茫几万重。

①隔院钟：即县衙附近报恩寺的钟声。

马从龙

马从龙：清代陇西籍著名诗人，曾长期游历于秦州、伏羌一带。其诗作多见载于甘陇名人唱酬的诗集中。马从龙集唐人诗句写尽伏羌八处胜境，美不胜收，忠实反映了清代伏羌秀美的自然风貌和人文景观。

天门春晓

天门开奕奕（杨　炯），来赏艳阳春（张　说）。
山月晓仍在（王　缙），莺声徒自新（储光羲）。

古岳灵湫

灵境信幽绝（张九龄），青溪碧嶂中（许　浑）。
飘零神女雨（杜　甫），共说此年丰（孟浩然）。

魏观象

魏观象：生卒年不详，字仰斋，清甘肃巩昌府伏羌县（今甘谷县）县城学巷人。光绪进士魏立之祖父，与孙魏立同入乡贤。《甘谷县志稿·乡贤》有载。伏羌王权有《陇上诗人魏仰斋》传文。

天门春晓

雄峙城南阊阖通，天鸡高唱破冥蒙。
万家春梦钟声觉，一代文心笔势工。
早露滋花开烂漫，轻烟散树望玲珑。
群峰揖拱垣墉托，须识山灵保障功。

魁阁凌云

东南杰阁近诸天，四面云山绕翠巅。
梯摘星球文运启，窗吞笔架晓光连。
凤鸾势耸迎朝旭，龙马图开接瑞烟。
培植须资贤令力，何妨梁栋更巍然。

王乐

王乐：武都人。生平待考。

伏羌怀古

夏书朱圉至今存，人以地灵每绝伦。
卓尔天门高绿野，悠然渭水绕花村。

殚心圣域贤关地，剖胆忠臣孝子魂。
最是名区多盛事，好垂青史寿乾坤。

骆继宾

骆继宾：字陇伯，号竹轩，伏羌县城孙家巷人。清康熙增广生员。嗣子骆英任河南正阳县知县，敕封文林郎。《甘谷县志稿·乡贤》有载。其著述有《东游杂吟集》《权应草集》《课孙近草集》等。

天门春晓

谁到天门谒见天，三峰耸峙碧云连。
万家烟火凝眸近，百里山河举步前。
绿水朱山花点翠，白梨红杏锦生妍。
春风一荡融和后，托得物华显渭川。

魁阁凌云

天门屏岫四围空，巽位星垣在望中。
笔染彩云观豹变，斗牛紫气看龙冲。
侧身直步天衢路，伸手先乘月殿风。
此处应知通碧汉，春风秋月两融融。

侯新严

侯新严：贵州镇远人，清同治时伏羌知县。

天门春晓

天门清峻豁吟眸，春笑宜人晓更幽。
麦陌如鳞山裹绣，苔岑有约我重游。
振衣石磴邀林鸟，搔首云巅接斗牛。
古刹依稀余蔓草，东风吹著碧光浮。

凌霄魁阁

山斗巍巍曙色曛，灵根嵸崒毓人文。
声闻帝座星辰近，境到蓬壶草木芬。
云气如绵频展卷，天香有桂吹氤氲。
空余遗址荒苔锁，一片清茵鸟自耘。

任廷旸

题清如上人法影

其一

功深面壁几何年？身是菩提界是莲。
梵语唤醒蕉鹿梦，花香参悟木犀禅。
经堂说法鱼听呗，作院煎茶鹤避烟。
旁立一童罗汉果，如来衣钵有真传。

其二

何年香火缔成因，签上重逢梦里人。
覆物半垂生佛影，传经毕限如来身。
茶烟鹤游诸天静，前事尘衔一殿春。
苦恨诗圣摩诘画，只教竹院聚诗频。

注：任廷旸居伏羌之东大街，离报恩寺很近，且其为报恩寺题写过花圃楹联，说明其与报恩寺僧人关系密切，故题诗的可能性极大。清如是号，然报恩寺僧人只知名，知号者极少，故无法确定具体人物，收此两首诗作于书中，以俟再作进一步考证。

任榕

任榕：字荫轩，甘肃巩昌府伏羌县（今甘谷县）东街人，光绪辛丑副贡，曾任化平县知县。

游天门山

泰岳寺钟声起暮，残阳归去兴犹浓。
停车欲问登临处，忘却东南第几峰。

高一涵

高一涵（1885—1968）：原名高水浩，别名涵庐、梦弼等，安徽六安人。1912 年留学日本入明治大学政法系。1916 年毕业回国，任北京大学编译委员，兼中国大学、法政专门学校教授。1931 年至 1949 年，先后任南京国民政府监察院委员、两湖监察使、甘宁青监察使、国民大会代表；1949 年后，历任南京大学教授、政治系主任、法学院院长，南京市监察委员，江苏省司法厅厅长，江苏省政协副主席等职。1950 年任民盟江苏省副主任、民盟中央委员、全国政协委员等。1968 年 4 月病逝于北京。《登甘谷大像山》《甘谷城郊春望》系民国二十年（1931 年）以甘宁青监察使路过甘谷时所作。

甘谷城郊春望

平川远近杏交花，水皱靴纹浅见沙。
野草连绵铺地软，柳丝旖旎受风斜。
天门涧碧流青玉，朱围山丹炫晚霞。
园上青青春韭茂，未成村落两三家。

现代诗词

王传明

王传明：1959 年生，山东省阳谷县人。兰州大学文学院教授、中华诗词学会理事、甘肃省诗词学会副会长。创作诗词作品五六千首，印有诗词集《说梦录》《齐西野语》等。

报恩寺遗址怀古

伏羌北街上，有寺对天门。
佛祖灵千载，观音佑万村。
晨钟醒迷梦，暮鼓度亡魂。
来看惟槐树，巍然今尚存。

李蕴珠

李蕴珠：中华诗词学会原理事、甘肃诗词学会副会长、甘肃诗词学会女子诗词工作委员会主任、天水诗词学会副会长。

登甘谷天门山

黛岭三春晚，天门一径通。
梵歌飘世外，台榭枕岩中。
时霁梨花雨，泉回柳絮风。
牡丹真国色，瑞聚翠微宫。

张津梁

张津梁：1953年10月生，笔名长木。甘肃省政协原党组副书记、副主席，出版诗集、书法集多部。

谒古冀城天门山报恩寺

金秋十月访名山，携友拾级曲径连。
袅袅余烟升净土，微微紫气吐晴川。
天门俯瞰一河景，古冀遥思百代贤。
寺报恩德说故甲，欣逢盛世谢人间。

廖海洋

廖海洋：1971年生，甘谷县大像山镇人。供职于农行甘肃省分行。甘肃省楹联学会副会长。师从张举鹏、袁第锐先生。有诗作《邓小平诗传》、秦腔剧本《从头再来》等。

三月八庙会

年年三月二十八，来看满山棒棒花。
东岳庙前人似海，搭台唱戏话桑麻。

张平生

张平生：甘肃省清水县人，书法家、诗人。历任甘肃日报社记者、发行处处长，《甘肃法制报》总编辑，高级编辑。中国书法家协会会员、中华诗词学会会员。

登天门山（一）

盘山曲径绕岚烟，缥缈青云如上天。
极目渭川垂吉象，澄心泰岱感仙缘。
清音木铎鸿钟远，华匾楹联翰墨妍。
形胜凌虚尘世外，流丹飞阁若琅嬛。

登天门山（二）

碧嶂云深攀野蹊，崇楼仙阁与天齐。
万家俯瞰烟尘渺，百里遥观峦屿低。
集纳遗珍营梵境，洒抛心血化鸿泥。
蜿蜒不尽园林景，殊胜风光罕览跻。

张守勤

张守勤：生于1943年4月，字芷豪，甘肃甘谷渭阳人。成都电子科技大学毕业，甘谷诗词学会理事。

庙湾桃林

天门周野生机旺，枯草丛中蹿嫩芽。
昨见桃林蕾似火，春风一夜灿如霞。

天门山四季小令

捣练子·春晓

山色秀，绿英芳，翠柏槐花荡异香。　　野杏山桃争美艳，蝶旋蜂舞绕沟梁。

忆王孙·夏幽

天门烟树蔽荫幽，炎夏三伏解暑愁。　　怡爽清泠胜仲秋，乐悠悠，听鸟观花何处求？

渔歌子·秋忙

四野金秋叶遍黄，草凝清露柏独苍。　　景变新，种收忙，椒蔬果薯裕城乡。

忆江南·冬寒

朔风冽，草树饰凌花。冷雾封山人罕至，雪凇映日路湿滑。泰庙熠琼华。

杨君珍

登天门山

钟声漫古寺，晨光映苍峰。
春风含笑处，层层景不同。

王剑飞

王剑飞：汉族，籍贯甘肃甘谷。曾任《甘谷诗词大观》执行副主编，现任《冀风诗刊》执行编辑。中华诗词学会会员、甘肃省诗词学会理事、甘谷县诗词楹联学会秘书长。

春日踏雪登天门山

凌晨踏雪上天门，四野茫茫不见春。

古寺风过铃铎响，清音惠我早来人。

苟强盛

苟强盛：甘谷新兴镇人。

永遇乐·天门山怀古

渭水西来，堤沙燕远，关山北渡。嶂屏幽庵，深阁云髻，鹤舞仙溪树。花林苑禁，登临沽酒，香处岚深无路。连天碧、神功造化，映带十里风露。　佛龛西媲，鬣峰东走，山下邑城朱户。沸市盈盈，客幡冉冉，古道春驻。姜维碑下，羲皇故里，不尽情怀寄赋。漫凭吊、残垣断壁，天门暮雨。

雒翼

浣溪沙·游天门山

呼伴寻芳古寺旁，桃红如面笑崔郎，微风渐送晚钟香。　蝶戏蜂忙春正闹，童歌媪舞兴还狂，归来两鬓插花黄。

天门山

巍峨古寺接天门，霞蔚云蒸绝滓尘。

雄镇渭川临古道，气通东岳仰灵神。

桃花三月钟声馥，柳叶七刀魑影逡。

阅尽沧桑千百代，于今娼见四时春。

清乾隆时，邑令杨芳灿曾于天门山下破敌，保伏羌平安。

张梓林

辛丑三月十九伏羌天门山牡丹初放与小成诸君欣然往观遂即兴以抒情怀焉

（一）

羽衣黄紫满阶前，独散天香夜不眠。

明月清辉来点染，悄然解语意绵绵。

（二）

欲语还休二八春，香腮淡粉倍堪珍。

漫将团扇眸边掩，相视千秋有夙因。

（三）

月殿凌波到此间，仙风袅袅韵翩翩。

人寰兴废千年事，不过花开三两天。

（四）

仙姿不与俗姿同，抛却繁华抛却浓。
淡雅由来蓬岛韵，销魂何必万千重。

登天门山

天门拔地峙城南，阅尽沧桑势坦然。
花雨纷纷三月撒，烟岚霭霭四时缠。
携朋把酒凌云去，放眼围棋铁马穿。
更有清泉争痛饮，慢尝山杏伴松眠。

李来子

登天门山

寻禅问道上天门，百里河山一气吞。
日染丹霞朱圉秀，风推白浪海潮温。
丝绸古道流金线，碧玉新城聚宝盆。
霹雳云天雷雨后，长虹万仞耀乾坤。

巩晓荣

巩晓荣：笔名冀城云，甘肃甘谷人。甘谷县畜牧局高级畜牧师。中华诗词学会会员、甘肃省诗词学会会员、甘肃省楹联学会会员、天水市诗词学会会员、甘谷县诗词学会会员、甘谷县作协会员。曾任《雪藻兰襟》诗词副主编。

天门山看日出

日出鼍峰云彩瑰，天门更望渭川辉。
塔冲南岭迎朝凤，人在绝岩飘羽衣。
一水中分平野秀，千村栉比画楼飞。
风光疑隐仙家处，壮观浩然心自巍。

蒋冰亭

蒋冰亭：号醉月轩主，网络昵称“淡到无痕”。甘肃甘谷人，甘谷县康庄中学教师。中华诗词学会会员、甘肃省诗词学会会员、甘肃省楹联学会会员、甘肃省诗歌研究会研究员、安徽省诗词楹联散曲学会会员、天水市诗词学会会员、天水市楹联学会会员、甘谷县作家协会会员、甘谷县诗词楹联学会理事。著有《醉月轩集》。

题天门山报恩寺

紫烟翠岭复奚求，解悟真如各自修。
未雨青阶行鼠妇，向阳绝壁挂蜗牛。
禅心不为花容瘦，跰足元因妙法留。
古刹听经天欲晚，云涛浩浩寄虚舟。

王文婧

天门山

遍踏仙阶眼界平，繁蝉午后向人鸣。
俯看城郭楼林立，漫抚香炉尘久生。
旷野连天云亦碧，山花带露雨初晴。
归来共指霞飞处，许作秋风又一程。

蒲芳云

蒲芳云：女，1969年5月生，籍贯甘肃甘谷。甘肃省诗词学会会员、甘谷县诗词楹联学会会员。

携友天门山赏桃花

天门春正好，结伴向峰峦。
桃染云山雨，香消老树寒。
野村留倩影，陌上笑声欢。
身在尘寰外，漫游天地宽。

王小刚

王小刚：1984 年生，甘谷县武家河镇人。现供职于大像山镇政府。

春游天门山

春晓天门客万千，登临岱岳自居仙。
巅峰青柏盘云际，谷底蛤蟆吐玉泉。
古堡沧桑思晚照，牡丹红白忆宋贤。
悠悠渭水东流去，细品黄瓜满纸烟。

李可宾

李可宾：女，1973 年生，甘谷县六峰镇人。甘谷县诗词楹联学会会员、甘谷县武术协会副秘书长、二级社会体育指导员。

题天门山牡丹

秋水望穿下碧霄，香风拂面粉腮娇。
千年相守横枝瘦，万缕柔情心底飘。

王正威

凌虚台诗

凌虚台险喜登临，挂壁悬空八百寻。
十万烟云凝望眼，三千梵呗净尘心。
物华最是冀乡美，感慨总因家国深。
凭槛放歌风满袖，地灵人杰到于今。

天门山观雪

白雪纷纷落九垠，行游无处不销魂。
幽蹊觅句听霜鸟，兰若寻僧叩寺门。
春晓亭前梅信早，凌虚台上道风纯。
流连竟日天将暮，纵任空山留履痕。

东岳庙雪景　普融摄

现代碑记

本继法师纪念碑记

三一居士

本继法师，生于公元1912年农历正月三十日，俗名李宏继，甘谷县蔡家寺村人。7岁依报恩寺续缘法师座下披剃，法名本继，号承斋；16岁在西安卧龙寺圆具。于公元2006年农历正月十六日安详示寂，世寿94岁，僧腊87年，戒腊78夏。

本继法师童真入道，宿植佛缘。然历经沧桑，备尝人间辛酸。新中国成立初期，遭拆寺强徙之难；十年浩劫，又遇毁庙露宿之苦。然纵使千般险阻，万般磨难，终究难移其笃定信念。20世纪50年代始，率僧俗在天门山披荆斩棘，开荒植树，积数十年之功，终使荒山叠翠，满目蓊郁。为延续报恩寺祖庭法脉，师孤身坚守空山荒寺，终身无悔。又保护法宝典籍，重修殿宇，历尽艰辛。闲暇之余，常以佛法及堪舆岐黄之术，为信众排忧解难，备受赞誉。吾辈亲受其教，深沐法恩，师虽远去，然慈容道貌，宛在目前。今五体投地，立碑为赞，缅怀师恩，以彰其德，以铭其不朽。赞曰：

惟我继公，夙有慧根。向往三宝，遁入空门。
屡遭磨难，愈挫愈勇。笃守信念，勇猛精进。
弘扬佛法，一片孤心。护林修殿，普惠众生。
农禅并举，造福后人。大悲大慈，扶危济贫。
其性温粹，待人以诚。爱国爱教，惟善是亲。
吾师虽逝，德泽流长。僧俗景仰，一炷馨香。
朱山巍巍，渭水泱泱。我公之风，山高水长。

本继法师法相

天门山牡丹园记

王　琪

牡丹园，在山间，在云间，在人间。

山在城南，曰天门山。冀之主山，高耸入云，层峦耸翠，林壑尤美。山头有庙，曰东岳庙，传为宋人建，迄今千年矣。庙有古花，曰牡丹花，传为宋人植，县志有载焉。天门牡丹，物华天宝，芳华千年，惊艳世人，冀之名花，山之瑰宝。

山在高处，离天三尺三，云在山间，常年烟岚绕。殿堂楼阁，若隐若现，如海市蜃楼，如天上宫阙；游人往来，影影绰绰，如仙人出没，如世外桃源。至若云开雾散，春和景明，云间牡丹，美轮美奂，国色璀璨，天香荡漾，风华百代，绝胜千年。

扬牡丹美名，述古城故事，众之所望，民之所向也。山僧普融，佛眼佛心，弘扬佛法，山寺焕彩，遍植花木，护持古花。择胜地，伐恶木，凿顽石，辟地建园，润泽人心。辛丑十月，新园筑就，新景建成，联袂梅园杏园，装点此灵山。天门春晓，晓于梅园报春，盛于杏园闹春，终于牡丹压春。三春过时三园开，天香浓时家国盛。春花与梵音齐飞，吉祥共平安一色。

王琪：1964年生。甘肃省作协会员、甘谷县作协主席。作品散见于《人民日报》《光明日报》《甘肃日报》《天津日报》《读者》等报刊。先后获第二十七届全国地市报新闻奖、第五届甘肃省黄河文学奖等奖项，十余次获全国、省、市级征文奖，多篇作品被收入各类文集。

天门山牡丹园记

王存录

朱山揽秀，育孕羲皇；天门云屏，雄嶂冀川。东临鼍峰，西毗像山；峰峦耸峻，状若笔搁。烟波雾雨，释清嘉乎逸境；云横秦岭，昭翚构乎玲珑。牡丹溢馨，史追宋宗。朝凝香露，润天门满园芬芳；夕浣禅鱼，越泰庙千年风华。春来秋往，寒暑更迭。香客云集，游人如织。

若夫春和景明，登临曲径，亭廊燕榭，顾芝苓而幽婉；琅苑瑶轩，张骈翼而雍容。梅园驻足，暗香犹馥，杏花碾尘，牡丹映亭，渭水波长。此之谓天门春晓者乎？俯仰之间，悬柱垂花，碧檐飞而歇山肃；莲开绮户，翠瓦卧而龙脊腾。霞翥楣楹，鹤翔梁栋。玉槛轻沾香露，丹墀漫染惠风。雀替开祥，月挽凤仪之势；额枋泛瑞，云托龙举之形。钟磬悠然，翰墨逸云。梵音袅绕，超然物外。是故仁人志士，润性养心，唤桃源于世外者，莫此为甚矣。

尔乃牡丹园成，三园并馨，瑶轴静雅，前人之述备矣。惟六奇传之信士者，岂非信焉？ 忆往昔，映雪堂品茗论撰者，恍然如昨矣。今复至，斯文跃然于胸者，感普融之善举，集方家之智，遵伏邑之俗，汇振兴之策，沏禅茶之三昧，调儒道之化融，继宋人之遗风，兴文化于盛世者，实乃花之幸，亦山之幸也！越明年，春风化雨，游子报春，国昌民殷，是邑之幸甚，亦国之幸甚也。故勒石以铭，示兹后人。是为记。

王存录：1982 年生，甘谷县西坪乡人。2006 年毕业于天水师范学院文史学院。甘谷县文旅局局长、甘谷县作协副主席。

邑人王存录撰　姚昌书
岁在壬寅季春释普融立

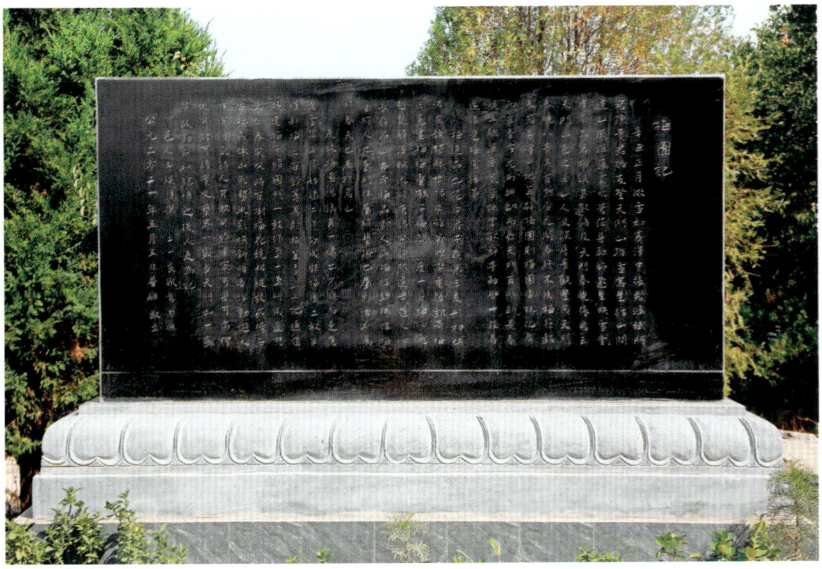

邑人王琪拜撰　王一良敬书
公元二〇二一年五月五日普融敬立

天门山梅园记

王　琪

辛丑正月，微雪初霁。泽中张君、鸿斌门君、陈贵君诸友，登天门山踏雪写生，访山问道。山风浩荡，云水苍茫。普融师邀至“映雪堂”，煮茶品茗，相谈甚欢。语及“天门春晓”，张君云：天门山，邑之主山，人文深厚，景观丰茂，天门春晓，八景其首，然杏花闹春，终不及梅花报春，若另择一地，再辟梅园，则梅园杏林，比肩而立，香雪花雨，联翩而舞，天门再添新景，春晓再赋华章。众皆抵掌欢呼，普融合十称善。遂议定梅园诸事。

梅，逸品也。花中君子，岁寒三友，形神俱清，风韵独胜，标格秀雅，节操凝重。陆凯寄梅，王冕画梅，梅妻鹤子，梅开二度。一剪梅心，飞越楚辞汉赋，流经唐诗宋词，抵达世道人心，长存名山古寺。梅品即人品，梅性即佛性。梅属于人，也属于佛，属于艺术，也属于古刹，属于春天，也属于名山。

是故，梅园倡议，甫一传出，不胫而走，应者云集，正月始议，二月功成。辟梅园二亩半，植新梅三百余，筹善款八万多，平土地，通道路，建梅亭，修园门，一鼓作气，一气呵成。遥想来年，春风吹时，百树梅花，竞相绽放，或傍石古拙，或依山就势，疏影横斜，暗香浮动，游人可赏可玩，诗人可歌可吟，画家可墨可写，僧人可经可读，实文艺界一盛事，天门山一盛景。故勒石以铭，传之后人。是为记。

天门山杏园记

王　琪

杏园者，天门山之杏园也。天门山，邑之主山，伸手可摘星星，侧耳可闻天语。其巅有千年古庙东岳庙，高蹈世外，与云持步。20世纪50年代，县城报恩寺迁建于此，僧众植杏于山间北坡，积年累月，渐成气象，是为杏园。

园不大，却气象万千。花不俗，有绝尘之美。春风喂过，梵音洗过，天门杏花，纯而又纯，白而又白，如月光起伏，如香雪荡漾。高旷而明亮，宁静而致远。春风吹来，花满春枝，芳草鲜美，落英缤纷，如声声佛号，如片片经书，辽阔而深邃，慈悲而含容。杏园之美，如雪如霞，如锦如缎，如锦瑟华年，如盈盈笑脸。可咏可叹，可证可悟，可墨可写，可歌可舞。家山之幸，杏花之荣也。

山僧普融，心若菩提，美我家山，壮我八景。辟梅园，展杏园，新建牡丹园。天门焕彩，古寺生辉。一园红杏，临风而立，春来时报春，花开时飞花，着意闹春，锦绣河山。花香弥漫，人间祥和。

天门山杏园记

牛　勃

园不大，也不小。以一山为一园者，吾邑天门山之杏园也。天门山乃邑之主山，有“冀城屏障”之誉。甘谷八景，首为“天门春晓”，清巩建丰《伏羌县志》云：“天门山。邑南主山，三峰挺秀，若笔架然。春日芳草萋芊，山花绚烂，游人陟中峰，登眺览胜。”昔时山花绚烂，今则以杏独秀者，一人之举，一山之幸，一邑之荣也。

20 世纪 50 年代初，县政府迁县城报恩寺于天门山巅，有僧人法名本继者，率僧俗披荆斩棘，取陡就平，于山之北坡广植杏树。1951 年至今，屡屡增益，积数十年之功，终成今日气象。

杏花，木兰纲，蔷薇目，蔷薇科，单生，先叶开放，花瓣白色而略带红晕，观赏树木，果可食，核可入药。国人爱杏，于杏花情有独钟者，溯其因可谓多矣。“孔子游乎帷纬之林，休坐乎杏坛之上，弟子读书，孔子弦歌鼓琴。”东汉时，有名医董奉，疗疾于贫者，分文不取，病愈，求于所居处植杏，重者五，轻者一。未几，其地杏树荫翳，人称“杏林”。至若历代咏赞杏花名篇佳作，汗牛充栋，国人耳熟能详之作，俯拾皆是，“小楼一夜听春雨，深巷明朝卖杏花。”“沾衣欲湿杏花雨，吹面不寒杨柳风。”“红花初绽雪先繁，重叠高低满小园。”“云薄月昏寒食夜，隔帘微雨杏花香。”

吾邑春晓，晓于何？晓于天门，晓于杏花。至春，漫山杏花怒放，如霞如雪，白中隐红，红中透白，铺天盖地，大类夏之芙蕖。天门山势如七茎捧莲，莲花之状，此时尤肖。以山为园，花如香雪，游人行走其间，襟袖沾香，心旷神怡；以园为山，势摩碧天，凌云之气，挺拔伟岸。遥襟甫畅，望目无碍，胸荡层云，江山入怀，蜜蜂奏琴，恍若天籁，娇花争艳，好鸟弄音。是神圣之地，每有羽化而仙之感；览山川锦绣，何必海晏河清之思。春晓亭，杏花园，是古之杰构亦不过如此，游目骋怀，乐景感时，纵舜日尧天又焉能比得？

梅园辟，牡丹竣，杏园成，一山三园，三园一山，得天地灵瑞壮我家山，邀大千烟景描绘渭川，先贤之义举，普融之匠心，信士之美善，理当勒于石而载其诚也。是夜，见一蜂飞鸣于花海中，蜂是我乎？我是蜂乎？吾不能辨，问庄子，子曰：“尚记得蝴蝶之事乎？”吾大顿，笑而不敢答，醒，乃南柯一梦也。

牛勃：1964年生，笔名思翔，甘肃甘谷人。甘谷县文化文物旅游局、县文化馆职员，中国作协会员，中华伏羲文化研究会会员，天水市文联委员、市作协副主席，甘谷县政协委员。

牛勃敬撰　黄想成敬书
天门山报恩寺普融敬立
公元二〇二二年农历二月吉日

天门山灵湫记

牛　勃

甘谷城南有天门山，"天门春晓"为甘谷八景之首。清巩建丰《伏羌县志》云："天门山，邑南主山，三峰挺秀，若笔架然。春月芳草萋芊，山花绚烂，游人陟中峰，登眺览胜。"清许容、李迪等修撰《甘肃通志》载："天门山在县南里许，县之主山，三峰耸峙，有两穴如门，中有湫池。"《巩昌府志》"伏羌八景"中有"天门春晓""古岳灵湫"，巩建丰《伏羌县志》在"旧八景集唐"中录陇西马从龙诗"古岳灵湫"，并附注："古岳天门山中有灵湫。"集诗云："灵境信幽绝（张九龄），青溪碧嶂中（许浑）。飘零神女雨（杜甫），共说此年丰（孟浩然）。"

天门山"古岳灵湫"，民间俗称蛤蟆口，距天门山里许。从庙湾村沿缓坡下至山中腰，南北两山在东挽接，唯西面敞开，状如蛤蟆口，堪舆称为"金蝉吐翠"。两山挽接处有水从崖壁间渗出，积之为泉，东、北各二。其水清澈见底，略无杂质，青碧似玉，甘洌如酒。无论冬夏旱涝，从未间断。至泉前取两三勺饮之，顿觉神清气爽，妙不可言。城乡群众排队前来取水者络绎不绝，以其做饭，饭则清香；以其煮茶，茶汤清亮。此处地偏狭，两山夹沟，取水之人回旋余地很小。细观此地，颇觉奇异。三面山坡上，绿草如茵，杂以鲜花缤纷，幽香盈肺，又有蝴蝶翩跹，蜂鸣悦耳，大有陶渊明笔下桃花源之雅趣。沟中古木阴翳，负势而上，平视则见梢，俯视则见身。枝柯交错间，日影斑驳如碎银铺地。沟口若门，深长不知其底。若自沟口入，必然吟诵起《桃花源记》来。"林尽水源，便得一山。山有小口，仿佛若有光。便舍船，从口入。初极狭，才通人。复行数十步，豁然开朗。"此地虽无"土地平旷，屋舍俨然，有良田、美池、桑竹之属。阡陌交通，鸡犬相闻”，但其意境和给人的感受，颇多异曲同工之妙。山静、林幽、泉清，真乃桃花仙境，让人流连忘返。

大自然造物，往往于有意无意间生出奇幻和灵异来。刘禹锡言“山不在高，有仙则名；水不在深，有龙则灵”，灵山常与圣水相伴，山水相映，颉颃比翼。若山无水伴，水无山依，则如何巍峨清雅，总觉遗憾。天门山高与天齐，名列县之主位，灵湫虽不大，因有山的依凭，恁是平添了许多灵气。湫前缀一“灵”字，画龙点睛，顿生妙趣。蛤蟆口灵湫前原有庙，祀山神、土地、龙王诸神，内悬邑翰林院庶吉士王海涵光绪十八年题“异位同功”匾，村人有事，每求辄应。今乡人于原址维修增益，楹柱“明月松间照，清泉石上流”可谓十分恰切。这些似乎并不重要，重要的是对久困尘俗的人来说，蛤蟆口的清幽实在是一种难得的解脱，一方暂时忘却烦恼的世外桃源。人生斯世，不如意常常十之八九，这种不如意，或可说，或不可说。纵可说，“便纵有千种风情，更与何人说？”岳飞横扫千军，战无不胜，心有块垒，也只能无奈慨叹：“知音少，弦断有谁听？”在说与不说之间，清大学士张廷玉可谓别出心裁：“万言万当，不如一默。”这种如山之静，如泉之幽，让人未知其高，也未知其深。蛤蟆口给人的是什么？是静吗？不，是泠泠的水声；是动吗？不，是无言的深沟。动静之间，有无之间，恰恰是人生最高境界所在。“菩提本无树，明镜亦非台。本来无一物，何处惹尘埃？”身无挂碍，物我两忘，这静便静得有理，这无便无得彻底。蛤蟆口是逼仄的，更是平凡的，这种逼仄和平凡无碍于我们关于哲学、关于人生的思考。大音希声，大象无形，如果还不好懂的话，真水无香，上善若水，水利万物而不争，就通俗易懂、明白如话了。

取水的人来了，走了，又来了，又走了。来来去去之间，山还是这座山，泉还是这眼泉，水还是这池水。不管有人没人，水都会流，且一如既往地清。比起蛤蟆口的水，我们要俗气得多，功利得多。因为我们只想用这纯净的水做一碗好饭，煮一盅好茶，却全然忘了用这难得的清水洗一下深陷尘俗的心。为什么蹲在泉边我们能看见自己或得意，或疲惫的面容，却无法看见我们的心呢？因为我们没有把心放在泉水里，因为我们的心被蒙上了太多世俗的积垢。人们常说舍得，常说拾起放下，可真能放下的又有几人？

天门春晓，甘谷真正的春天从天门山开始。“人间四月芳菲尽，山寺桃花始盛开。长恨春归无觅处，不知转入此中来。”和庐山大林寺一样，天门山的桃花，特别是云霞般的杏花也是晚于喧嚣的山下开放。因为居高，反倒从容，这让人想起天门山又一景蛤蟆口，它不舍昼夜吐露的不是亭亭净植、香远益清的荷花，而是波澜不惊的真水。它同样不愿和喧嚣为伍，不愿与波澜争宠。它在几无人知的地方，坚守着心灵的清洁与宁静。尽管也曾身披“八景”的殊荣，可除了志乘中的几行字、几首诗，什么也没有，也不曾有，更不愿有。它如空谷幽兰，开放不是为了给谁看，而是追求一种旷达的精神、脱俗的境界。

山是名山，湫是灵湫，文学意义十足的“古岳灵湫”或“金蟾吐翠”，在老百姓心中就是蛤蟆口，无言，却又永恒。

古岳灵湫　姚昌摄

卷八

探赜索隐

◎ 敦煌汉简《风雨诗》考论
◎ 也说敦煌汉简“风雨诗”
◎ 甘谷县明代《报恩寺记》碑考
◎ 兰州发现明天启报恩寺木刻版佛经
◎ 伏羌报恩寺紫光和尚字辈考

敦煌汉简《风雨诗》考论

许云和

［摘要］本文重新释读并注解了斯坦因 1913—1915 年第三次中亚考古所获敦煌汉简《风雨诗》,在此基础上讨论了其形式、作者、题名、抄写者、创作年代、抄写时间及其风俗地理诸问题。认为《风雨诗》是八言八句的骚体诗,其中所缺"兮"字为抄者所省。作者应是汉陇西、天水或安定郡的郡守,按后来制题的惯例,诗当题作《陇西太守 ×× 歌》《天水太守 ×× 歌》或《安定太守 ×× 歌》,其抄写者为 T. ⅩⅫ .d 中的烽率。《风雨诗》应作于东汉时期,抄写则当在汉光武帝建武廿三年至汉明帝永平十年这二十年的时间内。《风雨诗》写的是一场大风雨给陇西、天水、安定三郡地区人民带来的洪水灾难,考其风俗地理,更可了解当地自然状况和水患背景,而知此次水患人民受灾之深。

［关键词］《风雨诗》;形式;作者;题名及抄写者;创作年代和抄写时间;风俗地理

敦煌汉简《风雨诗》,为斯坦因 1913—1915 年第三次中亚考古所获,其编号是 T. ⅩⅫ.;d.021,沙畹、马伯乐的编号是 M.29,张凤的编号是《风雨诗》51 页:19。1931 年,张凤释读了该诗,后来吴礽骧等所编《敦煌汉简释文》也有释读,

释文

日不显目兮黑云多，月不可视兮风非沙。从恣蒙水诚江河，州流灌注兮转扬波。辟柱槙到忘相加，天门俫小路彭池。无因以上如之何，兴章教海兮诚难过。

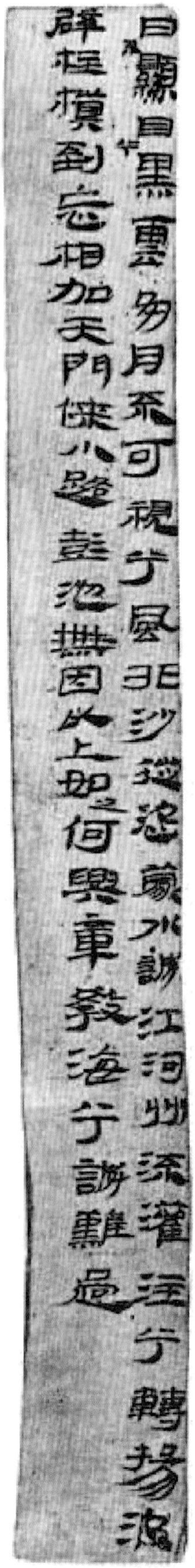

附图　风雨诗简影（复制自大庭修《大英图书馆藏敦煌汉简》）

其中大部分同于张凤，只个别地方小异。2004 年，李零在张凤释文的基础上重新作了释读，取得了一些新的收获。[1] 近年来笔者在研究过程中发现，这首诗释读上的某些问题其实还可以进一步弄清楚，是以不揣浅陋，又作了释读，且为之注解。另外，汉诗难见出土，而汉简《风雨诗》为目前所仅见，弥足珍贵。通过它所携带的一些历史信息来了解汉代诗歌发展史上的某些问题，是很有意义的。这方面过去我们显然重视得不够，为此，本文就想作一个初步的尝试。

一、《风雨诗》考释

为释读之便，先将简之释文抄录并标点，然后逐文进行释读和注解。

日不显目 ①兮黑云多，月不可视兮风非沙②。从恣③蒙水④诚⑤江河，州流⑥灌注兮转扬波⑦。辟柱⑧槙到⑨忘相加，天门⑩俫⑪小路⑫彭池⑬。无因以上⑭如之何，兴章教海⑮兮诚难过。[2]

①显目，意为“看见”。《诗•抑》：“无曰不显，莫予云觏。”笺：“显，明也。目，视也。”“显目”即为“看见”之意。《汉书•赵充国辛庆忌传》：“贰师奏状，诏征充国诣行在所，武帝亲见视其创，嗟叹之，拜为中郎，迁车骑将军长史。”

②非沙，张凤读作“飞沙”，[3] 甚是。按，汉《梁相孔耽神祠碑》：“天授之性，飞其学也。”非作飞，是非与飞可通借。

③从恣，张凤有两种读法，一读“纵恣”，一读“从兹”。李零读“纵恣”。愚以为应照原字读作“从恣”，形容风雨的肆虐。“从恣”同“纵恣”，《史记•楚世家》：“平王谓观从恣尔所欲，欲为卜尹，王许之。”《汉书•赵尹韩张两王列传》：“此言尊贵所以自敛制，不从恣之义也。”师古曰：“从，读曰纵。”

④蒙水，张凤读作“蒙水”，不可从，应照原字读为“蒙水”，《说文》有“蒙”字，然不用为水名，意为“微雨”。汉“蒙水”不作“蒙水”，以“蒙”作“蒙”为后来所改。《易•蒙》曰：“《象》曰：山下出泉蒙。”其名蒙水，当取此义。蒙水出崦嵫山，王逸《楚辞章句》：“崦嵫，日所入山也，下有蒙水，水中有虞渊。”崦嵫山在天水郡，《水

经注》卷十七："北有蒙水注焉，水出县西北邽山，翼带众流，积以成溪，东流南屈径上邽县故城西侧，城南出上邽。故邽，戎国也，秦武公十年伐邽县之旧。天水郡治五城，相接北城，中有湖水，有白龙出是湖，风雨随之，故汉武帝元鼎三年改为天水郡。其乡居悉以板盖屋，《诗》所谓西戎板屋也。蒙水又南注籍水。《山海经》曰：邽山，蒙水出焉，而南流注于洋，谓是水也。"按，崦嵫山汉称邽山，即今天水市区西北的凤凰山，自古被尊为秦州镇山，蒙水即发源于凤凰山的罗玉河，洋水则是穿市区而过的藉河。

⑤诚，张凤读作"成"，甚是，此系同音相借。按，《毛诗•我行其野》："成不以富，亦祇以异。"而《论语•颜渊》则引作"诚不以富，亦祇以异"，是知成与诚古通。

⑥州流，李零读作"周流"，[4] 甚是，此亦同音相借。《左传》："华周对曰：贪货弃命，亦君所恶也。"按，华周《汉书•古今人表》作华州，《说苑》则作华舟，是周、州、舟古通。刘向《九叹》："波淫淫而周流兮，鸿溶溢而滔荡。"《汉书•扬雄传》："象海水周流方丈、瀛洲、蓬莱。"《郊祀歌》："周流常羊思所并。"师古曰："周流犹周行也。"

⑦扬波，扬荡其波。《九歌•河伯》："与女游兮九河，冲风至兮水扬波。"刘向《九叹》曰："挑揄扬波，荡迅疾兮。"王逸注："言水尚得顺其经脉，扬荡其波，使之迅疾，自伤不得顺其天性，扬其志意，常屈伏也。"

⑧辟柱，张凤读作"壁柱"，可从。《说文》："㮰，壁柱。"张俭《劾侯览奏》："中常侍侯览起第十六区，皆高楼。四周连阁，洞门绮井，莲花壁柱，彩画鱼肉，台苑拟诸宫阙。"

⑨槙到，张凤读作"颠倒"，可从。忘，张凤读作"亡"，李零以为非是，应读"妄"。愚以为二说皆非，当读如"更"字，"更"字古代常写作"叓"，"叓"与"妄"形相近。《水经注》卷五："《琴操》以为孔子临狄水而歌矣。曰：狄水衍兮风扬波，船楫颠倒更相加。"此即是其证。

⑩天门，其地有两天门，一在天水郡冀县，一在武都郡故道县。关于天水郡冀县天门山，《元和郡县志》卷三十九云："伏羌县本冀戎地，秦伐冀戎而置县焉，汉冀县属天水郡，后汉隗嚣自称西伯都于此，后魏以冀为当亭，周为黄瓜，隋大业二年改黄瓜为黄城县，武德三年初立伏州，仍置伏羌县，八年，罢伏州以县属秦州。"《禹贡锥指》

卷十一："渭按今巩昌府伏羌县南有冀县故城，即汉县也。西倾、鸟鼠、太华并见前。西倾在鸟鼠之西南。鸟鼠，渭水所出。朱圉、太华皆在渭水之南。"《甘肃通志》卷五："伏羌县半博水在县西南，源出半博山谷中，北流入渭。又天门水出天门山，东流入渭。"又云："伏羌县鼍山在县东二十里，山形如鼍，渭水经其下。天门山在县南里许，县之主山，三峰耸峙，有两穴如门，中有湫池。"关于武都郡故道县天门山，《元和郡县志》卷二十五云："两当县本汉故道县地，属武都郡。汉高帝引兵从故道出，袭雍，谓此也。永嘉之后，地没氐羌县，名绝矣。后魏变文为固，于此置固道郡，领两当、广乡二县，因县界两当水为名，或云县西界有两山相当，因取为名。隋开皇罢郡县，属凤州，皇朝因之。"《甘肃通志》卷五："两当县天门山在县南六十里，悬崖有大石门一合一辟。"就渭水水道观之，此天门当指天水郡冀县天门山。

⑪俠，张凤直接释"俠"为"狭"，不可从。"俠"当释作"侠"，"侠"同"狭"。《别雅》卷五："宽侠，宽狭也。长夹，长狭也。《任伯嗣碑》：徙侠就宽。《隶续》云：以侠为狭。《后汉书·东夷传》：东沃沮其地，东西夹南北长。注：音狭。是又以夹为狭也。按《说文》狭隘字本作陕，犬部无狭。《玉篇》狭同狎，又云：今为阔狭。盖后人因陕字形与陕混，故别取狎字，重文以代陕，而因声借用，则又并及侠夹也。"按，此说是。

⑫路，李零疑其读为"露"，不可从，应照原字直读为"路"，《释名·释道》："路，露也。人所践蹈而露见也。"《荀子·议兵篇》："路，亶者也。"注："路，暴露也，亶读为袒，露袒谓上下不相覆盖。"这句是说大风雨使彭池水位暴涨，向堤外四溢。

⑬彭池，在彭池原，《甘肃通志》云："彭原废县在县西南八十里，本汉彭阳县地，后魏破赫连定，于此置彭阳县。隋改曰彭原，因彭池原为名。唐于此置彭州元省。"《太平寰宇记》卷三十四："彭原县西北一百里旧二乡今五卿本汉彭阳县地，后汉又为富平县地，后魏破赫连定后于此复为富平县，废帝改为彭阳县，属西北地。隋开皇三年罢郡，以县属宁州。十八年改为彭原县，因彭池原为名，在郡西。"《读史方舆纪要》卷五十七云："横岭州东百里，即子午山之别阜。岭北即真宁县。《汉志》注所云桥山在阳周南也。又安定岩，在州西五十里。岩壑如黛，石可镌砚。彭池原，在州北。《唐书》：宁州有彭池。《金志》彭原县有彭池原。原盖因地而名。"《甘肃通志》卷二十二："彭

阳故城在县东八十里，汉县，以在彭水之阳也，属安定郡。后魏属原州，后置云州。唐置丰义县。”按此，则彭池原是以彭池而得名，盖彭池消失后化而为原，人以其名名其所在区域。

⑭无因以上，《论衡•异虚篇》：“故佑圣之瑞，无因而至。”无因，犹无端也。以，而。上，加也。《孟子•滕文公》：“君子之德，风也；小人之德，草也。草上之风必偃，是在世子。”注：“上之所欲，下以为俗。上，加也，偃，伏也。以风加草，莫不偃伏也。”这句是说风雨突如其来，无因而至，使人措手不及。

⑮教海，张凤谓“疑叫唤声借”，非是。李零以为应读作“教诲”，李说是。按，诗云“兴章教诲”，义同于《墨子•非命》之“发宪布令以教诲”。“兴章”即“发宪布令”，意谓向受灾百姓发布朝廷的赈灾措施，以教谕、安抚百姓。

二、《风雨诗》的形式问题

《风雨诗》共八句，句八言，每句用韵，内容极完整，看来首尾并无残缺。然就句式来讲，却明显存在着缺字的情形。这本是一首骚体诗，照理来说每句都应该有一个“兮”字，但诗首二句、第四句、第八句有“兮”字，其余句子则无之，这是什么原因呢？是作者的原件就是如此呢还是后来被抄者省去了呢？我以为是后者。

考察《汉书》载录作品的情形我们可以发现，其中有一些作品是删去了句中的“兮”字的，比如《郊祀歌》十九章中的《天马》二曲，《史记》所载是这样的形态。

太一贡兮天马下，沾赤汗兮沫流赭，骋容与兮跐万里，今安匹兮龙为友。（《天马》其一）

天马徕兮从西极，经万里兮归有德，承灵威兮降外国，涉流沙兮四夷服。（《天马》其二）[5]

而《汉书》所载，则为：太一况，天马下。沾赤汗，沫流赭。志俶傥，精权奇。籋浮云，晻上驰。体容与，迣万里，今安匹，龙为友。（《天马》其一）

天马来，从西极，涉流沙，九夷服。天马来，出泉水，虎脊两，化若鬼。天马来，历无草，径千里，循东道。天马来，执徐时，将摇举，谁与期。天马来，开远门，竦予身，逝昆仑。天马来，龙之媒，游阊阖，观玉台。（《天马》其二）[6]

两相对比，可以看出，《汉书》所载《天马》二曲与《史记》所载《天马》二曲相对应的句子确是删去了"兮"字。另外，据王先谦的考察，《郊祀歌》十九章中还有不少篇章也是删去兮字的，这些篇章的句子如果加进一个"兮"字，即可还原成《楚辞》那种带有"兮"字的句型。[7]《郊祀歌》而外，贾谊的《鹏鸟赋》也曾有这样的经历，《鹏鸟赋》在《史记》载录时句中是均有"兮"字的，而《汉书》载录时则尽去之。这些情况说明，在汉代抄录作家作品时省去原作句子中的"兮"字已经不是一种偶然的现象了。

此篇《风雨诗》以及《汉书》所载《天马》二首和《鹏鸟赋》这样随便省去句子中的"兮"字，给人的感觉是抄录者对骚体诗中是否有"兮"字似乎是已不太看重，仿佛去掉这个字是为了减少麻烦一样。但是，令我们困惑的问题是，楚歌中的"兮"字虽然是虚字，没有字义上的含义，然"兮"字乃楚歌音乐性的标志，在音乐上有其独特的意义，如此，抄录者又怎么可以随便省去呢？我觉得很可能是这方面的原因造成的：当作为配乐歌词存在时，楚歌中的"兮"字作为重要的音乐要素肯定是不能省去的；但是，当它离开音乐作为阅读文本时，"兮"字显然已失去了它的音乐意义，而人们在阅读欣赏时又更多的是关注诗歌字面的意义而不是其音乐的意义，像"兮"字这样只能表示音乐意义而不能表示事物意义的词实际上已成了一个可有可无的符号，抄写时去之又何尝不可呢？"兮"字在阅读文本中的这种可有可无的地位，我们从汉代一些镜铭中对它的使用也可以体会得出来。比如《尚方博局四神纹镜》（新莽）铭文：上方作镜真大巧，上有仙人不知老，渴饮玉泉饥食枣，浮由（游）天下敖四海佳兮。[8]

《尚方鉴铭一》：尚方作镜母（毋）大伤，左龙右虎掌四旁，朱凤玄武和阴阳，子孙备具居中央，长保二亲乐富昌兮，宜侯王兮。

《尚方鉴铭四》：尚方作镜四夷服，多贺国家人民息，胡虏殄灭天下复，风雨时节五谷熟，长保二亲子孙力，传吉后世乐母（毋）极兮。[9]

这些镜铭并非乐歌，只是韵语，但是，尾句中却不伦不类地加进了一个“兮”字，是出于文意或者句式的需要吗？显然不是，读过的人都会有这样的感觉，没有了这个“兮”字，文句要流畅得多；加了这个“兮”字，反倒是破坏了原来韵语的味道。既然是这样，这些镜铭又为什么偏要加进这么一个看起来十分多余的“兮”字呢？金石学家认为，这主要是有的镜面太大，当初设计的镜铭不能占满其空间，加这样的“兮”字是为了“补足布字不足的空缺”，[10] 使得镜的面目显其完整。可见在汉人的眼里，“兮”字在一般阅读文本中是远没有它在楚歌中有地位的，这些镜铭之所以用它，主要就是看中了它这种不表示任何事物意义的词性特点，加在句子中虽说有画蛇添足之嫌，但它并不会破坏句子的意思，为了保持铜镜的美观，用它来充当文字装饰的补救角色是再合适不过了。了解了“兮”字在阅读文本中的地位，我们也就可以理解汉简《风雨诗》为什么会随意省去句中的“兮”字了，十分清楚，抄写者对读者所要展示的《风雨诗》绝不是一个包含诸多音乐元素的乐歌演出脚本，而是一个供人们案头阅读的文本，从这一目的出发，其中的一些音乐元素就成了可有可无的东西，其中的一些“兮”字被删，就正是这个原因。实际上，在演出脚本转换为阅读文本的过程中，像骚体诗这样被省去“兮”的并不是唯一的现象，顾颉刚先生就曾发现，乐诗曾经是可以简化为徒诗的，比如曹操的《苦寒行》，《宋书·乐志》所载有六解，三十六句，句五字或三字，凡百六十八字。而《文选》所载此篇则不分解，只有二十句，句五字，凡百二十字，把作为和声的迭字迭句尽去之。[11] 二书所载为什么会有这样大的差异呢？道理很简单，《宋书·乐志》要体现的是《苦寒行》乐诗的性质，所以必须保留其音乐要素；《文选》所要体现的则是它的徒诗性质，注重的只是其字面含义，那些音乐上的要素诸如重唱和和声之类这时反倒成了阅读过程中的障碍，与其留之，倒不如去之。顾先生的这一发现，无疑是对汉简《风雨诗》何以会省去“兮”的一个最为有力的说明。

三、《风雨诗》的题名、作者、抄写者及创作年代和抄写时间

《风雨诗》原简中作者之名无有题署，不过，诗末一句“兴章教海兮诚难过”倒是透露了作者的身份和作诗的意图。按上考，“兴章教海”意即“发宪布令以教诲”，谓向受灾百姓发布朝廷的赈灾措施，以教谕、安抚百姓。这就意味着诗的作者应是陇西、天水或安定郡的郡守，因为受灾范围这么广，能够做“兴章教海”之事的恐怕只能是当地的最高行政长官了。而“诚难过”一语则说明，在这一场突如其来的大灾难过后，这位长官奉旨巡视灾情，安抚百姓，看到治下满目疮痍、哀鸿遍野的情景，心里无比沉重，于是写下了这首《风雨诗》，来表达自己哀悯百姓的痛苦心情。

《风雨诗》的题名，也并非简上原有，乃是当时的发现及整理者斯坦因、沙畹、马伯乐及张凤等人所拟，我们现在也基本上接受了这个题名。但是，必须指出的是，这个题名带有后来制题作诗的味道，根本不符合汉代歌诗创作的情况。

从《史记》和《汉书》载录的歌诗情况来看，汉代歌诗有无题和有题两种。无题的歌诗一般是即兴创作的，有时是作者自歌，有时是作者写了歌词后命他人歌之。比如汉高祖的《大风歌》、戚夫人的《戚夫人歌》、刘友的《赵幽王歌》、民间的《淮南王歌》、李延年的《李延年歌》、汉武帝的《李夫人歌》以及乌孙公主的《乌孙公主歌》，这些歌诗当初是没有诗题的，其诗题是后来才加上的。有题的如《气出唱》《精列》《江南》《度关山》《东光》《薤露》《蒿里》《对酒》《鸡鸣》《乌生》《东门》《陌上桑》《平陵东》《白头吟》等，这些题名，基本上是取诗中字词以名之，和《诗经》命题的方式差不多。不过，这些题名实质上只是曲名而不是诗题，因为后来作者可以用这个曲名另填新词，而其内容基本上与题名无关，比如汉曲《秋胡行》，原作是写鲁大夫秋胡事，但曹操写的《秋胡行》则是说神仙事。所以从根本上来讲，汉代的歌诗是没有诗题的。[12]

虽然说汉代的歌诗没有诗题，但到了后来，当作品的章曲消失不再是乐

诗而是作为徒诗存在时，为了记诵的需要，人们还是不得不给它加上一个诗题。不过，给这类作品加上诗题与后来的制题作诗也还是有很大的不同。一般说来有这样几种方式，一是它特别注重体现作者或被写人物的身份，多用人的名字来命名。比如戚夫人的《戚夫人歌》、刘友的《赵幽王歌》、李延年的《李延年歌》及乌孙公主的《乌孙公主歌》等，就是用作者的名字来做诗题的，这似乎是通过诗题要告诉人们这首歌就是某某人作的；而民间的《淮南王歌》、汉武帝的《李夫人歌》、民间的《卫皇后歌》、《皇甫嵩歌》及《岑君歌》等，则是用被写人物的名字来做诗题的，这又似乎是通过诗题在告诉人们这首诗写的是什么人。二是根据作者创作时的情景和遭遇来题名，比如戚夫人的《戚夫人歌》，又题作《舂歌》或《永巷歌》，《汉书•外戚列传》载："高祖崩，惠帝立，吕后为皇太后，乃令永巷囚戚夫人，髡钳，衣赭衣令舂，戚夫人舂且歌曰：……"[13]很明显，其题作《舂歌》或《永巷歌》，强调的是作者创作歌诗时的背景和遭际，与歌诗内容无直接关系。三是用歌诗中的词语来题名，比如汉高祖的《大风歌》《黄鹄歌》，汉武帝的《瓠子歌》，就是取是首句中的词语来命名。这种命名方式乃是袭用《诗经》和汉乐府，本质上来讲是以曲名为诗题，与诗的内容也无多大关系。

了解了这一情况之后，我们也就可以肯定，汉简《风雨诗》当初创作时是没有诗题的，今天如果要给它加上一个诗题，我们还是应该按照上面所说的三种命名方式来进行。首先是，这首歌诗是一地方长官自作的歌诗，我们可以用他的官名或名字作诗题。其次是，因为是歌诗形式，诗题中就不该题作"诗"，而应题作"歌"。考虑到作者是陇西、天水或安定郡的最高长官，故这首诗可题作《陇西太守 ×× 歌》《天水太守 ×× 歌》或者《安定太守 ×× 歌》。

《风雨诗》的发掘地址，据斯坦因《亚洲腹地考古图记》，是坐落在哈喇湖（笔者按，即哈喇淖尔）南岸的一处小烽燧，斯坦因将其命名为 T. XXII .d。小烽燧西南不远处的一堆垃圾中，发现了十几枚汉文木简，《风雨诗》即抄写在其中的一枚木简上。据李正宇先生的研究，T. XXII .d 为汉代中部都尉防区，属平望侯管辖地。[14]在《亚洲腹地考古图记》中，斯坦因曾详细地描述过这个烽燧，他说：“T. XXII.d 坐落在一个风蚀土岭上，土岭很陡峭，比西边水湾中的沼泽高出约 80 英尺，从东—北—东到西—南—西方向延伸了 300 码，这个烽燧有 16 英尺见方，残烽燧高约 9 英尺。”[15] 以这样的面积和高度，这个烽燧在敦煌长城沿线诸多烽燧中应该算得上是一个较大的烽燧，不知斯坦因为何称其为小烽燧。汉代烽燧机构一般称“署”，少者三至六人，多者十人。这个烽燧为大烽燧，驻人就应在十人左右。考《通典》，“一烽六人：五人为烽子，递如更刻，观视动静，一人烽率，知文书、符牒、转牒。”[16] 可知当时每一个烽燧中有一个专管文书的烽率，为此我们有理由相信，包括《风雨诗》在内的这十几枚汉文木简，应就是这个烽燧的烽率所掌管的文书。这十几枚汉文木简的内容，有公文、账簿、信函、字典、故事、歌诗之类。其中，T. XXII d.013. 之“□程忠信吴仲皇许终□”[17] 可考是史游的《急就篇》；T. XXII. d.3. 之“□□毋下□□□　出前见少年□　□山东临江海西　□有一小宅□　□□□单奇□”，[18] 应是一篇记故事的文字；T. XXII.d.021. 之文字，就是此篇《风雨诗》。公文、账簿、信函是公有的东西，但字典、文章、歌诗之类就应该是属于烽率自己的东西了，这就可以说明，此篇《风雨诗》正是这个烽燧的烽率抄录的作品。至于《风雨诗》的来源，应该是当时的某种人物传记，而最有可能是那些记录郡国名宦事迹的郡国之书，如耆旧、节士、名德及先贤传之类。汉代写人物传记似乎有个传统，这就是在描写人物形象时常辅以诗歌的手段，比如《史记》《汉书》纪人物，就多用人物自作的诗歌来表现其心迹和行状，而后来的郡国之书如《长沙耆旧传》《殷氏世传》《襄阳耆旧传》等也基本上保持了这个传统，兹如《长沙耆旧传》有《洛阳令歌》歌祝良，《殷氏世传》有《荥阳令歌》歌殷褒。郡国之书的兴起，乃在东汉时期，《隋书·经籍志》云：“后汉光武，始诏南阳，撰作风俗，故沛、三辅有耆旧节士之序，鲁、庐江有名德先贤之赞。郡国之书，由是而作。”[19]《风雨诗》的事迹既不见诸《史》《汉》及《后汉书》，则自当出于东汉的郡国之书。如此，则其创作于东汉可知。至于其抄写时间，也应在此时，这可以由这批木简的发掘情况得到证明，据斯坦因《亚洲腹地考古图记》，这批木简在发现时是归于一处，且都是东汉的文书，并无其他朝代的东西在内，从其著见的年代来看，最早的是汉光武帝建武二十三年（公元 47 年）十一月丁卯，最晚为汉明帝永平十年（公元 67 年）九月十二日，其间相隔差不多二十年的时间，《风雨诗》就应在这二十年间抄成。

四、《风雨诗》风俗地理考

通过以上的考释，可知《风雨诗》写的是一场由大风雨引起的大水灾，它起于蒙水，由天门峡谷直下，冲毁彭原池，殃及陇西、天水、安定三郡。这次水灾来势凶猛，使房屋“辟柱槙到”，给三郡地区人民的生命财产造成了极大的损失。此次水灾，史无明文记载，但我们通过此地山川地理的考察还是可以了解到其风雨水患的一些情况。

蒙水所在的区域，为秦上邽故县，汉属陇西郡，关于其域中水道，《水经注》是这样描绘的：渭水又东南出桥亭西，又南得藉水口。水出西山，百涧声流，总成一川，东历当亭川，即当亭县治也，左则当亭水，又则曾席水注之，又东与大弁川水合，……藉水又东南流与竹岑水合。水出南山竹岑，二源同泻，东北入藉水。藉水又东北径上邽县，左佩四水：东会占溪水，次东有大鲁谷水，次东得小鲁谷水，次东有杨反谷水，咸自北山流注藉水。藉水右带四水，竹岭东得乱石溪水，次东得木门谷水，次东得罗城溪水，次东得山谷水，皆导源南山，北流入藉水。藉水又东黄瓜水注之。其水发源黄瓜西谷，东流经黄瓜县北……黄瓜水又东北历赤谷，咸归于藉。藉水又东得毛泉谷水，又东经上邽城南，得核泉水，并出南山，北流注于藉，藉水即洋水也。北有蒙水注焉，水出县西北邽山，翼带众流，积以成溪，东流南屈径上邽县故城西侧，城南出。上邽故邽戎国也，秦武公十年伐邽县之，归天水郡治。五城相接，北城有湖水，有白龙出，是湖风雨随之，故汉武帝元鼎三年又改为天水郡。其乡居悉以板盖屋，《诗》所谓西戎板屋也。蒙水又南注藉水。《山海经》曰：邽山，蒙水出焉，而南流注于洋，谓是水也。藉水又东得阳谷水，又得宕谷水，并自南山北流于藉。

藉山又东合段谷溪水，水出西南马门溪，东北流合藉水，藉水又东入于渭。[20]

从这个描述我们可以看到，上邽境内有两条最大的河流，一为藉水，一为渭水。藉水又为当亭水、竹岑水、占溪水、大鲁谷水、小鲁谷水、杨反谷水、竹岭水、木门谷水、罗城溪水、山谷水、黄瓜水、毛泉谷水、阳谷水、宕谷水、段谷溪水以及蒙水等众流所注，最后又东注入渭水。在藉水众多的支流中，蒙水是最富传说色彩的河流，《山海经·西山经》曰："又西二百六十里曰邽山，其上有兽焉，其状如牛猬毛，名曰穷奇，音如獆狗，是食人。蒙水出焉，南流注于洋水，其中多黄贝，蠃鱼鱼身而鸟翼，音如鸳鸯，见则其邑大水。"[21] 蠃鱼见则其邑大水的说法虽不可信，但它却道出了一个实情，这就是蒙水是上邽众河流中举足轻重的河流，它的上涨将会使其他河流水位随之上涨，造成上邽境内的水灾。而引起蒙水水位上涨的原因，则是此地的大风雨，上引《水经注》云："旧天水郡治五城，相接北城，中有湖水，有白龙出是湖，风雨随之。"此固不可信，然却透露了此湖是其邑大风雨的策源地，蒙水水位上涨，与其风雨之兴不无关系。关于此地百姓的生活习俗，上引《水经注》云："其乡居悉以板盖屋，《诗》所谓西戎板屋也。"盖秦人发迹天水，受西戎习俗影响及适应地理环境的需要，广泛使用板屋。《毛诗正义》说："秦之西陲，民亦板屋。"[22]《汉书·地理志》说："天水陇西山多林木，民以板为屋室。"[23] 可见在汉代仍是如此。板屋的结构样式，《南齐书·氐羌传》是这样说的："氐于上平地立宫室果园仓库，无贵贱皆为板屋土墙。"[24] 说明板屋全是土木结构。处于这样的地理环境，又是这样的居住习惯，无怪乎当风雨来临、河水泛滥时房屋会"辟柱槙到忘相加"了。

天门山所处的冀县，为渭水流经处，至此又有多水注入。《水经注·渭水》云：渭水至黑水峡南北十一水注之。北则温谷水，导平襄县南山温溪，东北流经平襄县故城南，其水东南流历三堆南，又东流南屈历黄槐川，梗津渠冬则辍流。春夏水盛则通川注渭。次则牛谷水，南入渭水。南有长堑谷水，次东有安蒲溪水，次东有衣谷水，并南出朱圉山。山在梧中聚，有石鼓不击自鸣……，其水北径冀县城北。秦武公十年伐冀戎县之……渭水又东合冀水，水出冀谷。次东有浊谷水，次东有当理溪水，次东有托里溪水，次东有渠谷水，次东有黄土川水，俱出南山，北径冀城东，而北流注于渭。渭水又东出岑峡，入新阳川。[25]

按《水经注》记载，从黑水峡至岑峡南北十一水注入渭河，其中北有二水，南有九水。天门不见载，然上引《甘肃通志》卷五云："伏羌县（即冀县）半博水在县西南，源出半博山谷中，北流入渭。又天门水出天门山，东流入渭。"又云："伏羌县鼍山在县东二十里，山形如鼍，渭水经其下。天门山在县南里许，县之主山，三峰耸峙，有两穴如门，中有湫池。"《甘肃通志》卷十又云："天门隘，在县南天门山下。"[26]《读史方舆纪要》卷五十九亦云："又天门山，在县南三里。山有两穴如门，亦谓之天门山口。"[27] 是知除南北入渭河的十一水之外，尚有源于天门山东入渭河的天门水。从《甘肃通志》所描述的情形来看，天门山发大水的原因应该是大风雨引起内中湫池水位暴涨所致。由于山势险峻，门口狭小，大水必成咆哮怒吼之势，其形成的破坏力可想而知。另外，天门山在县南三里，其发大水，直接面临威胁的就是冀县县城，所以冀县县城在此次水灾中遭受的损失应该是相当大的。

彭池即彭池原，汉属安定郡彭阳县，汉彭阳故城，旧址在今甘肃镇原县西北茹河北岸井陈家村，境内亦水道纵横，按《水经注》《太平寰宇记》《元丰九域志》及《甘肃通志》的描述，其水道主要有阳晋水、原州川水、高平川水、石门峡水、自延水、次水等，另有夹城而过的蒲河与茹河共九水。

《元丰九域志》卷三云：中临泾四乡有阳晋水、朝那水。[28]

《甘肃通志》卷五：阳晋水在县南平凉县界流入，《寰宇记》阳晋水在临泾县南十五里入泾，即泾州横河之上源也。[29]

《太平寰宇记》卷三十三云：原州川水自番界入州界五十五里入宁州彭阳县界。[30]

《水经注》卷二云：河水又东，北径于黑城北，又东北高平川水注之，即苦水也，水出高平大陇山苦水谷。[31]

《甘肃通志》卷五：石门峡水在县西大陇山，北有水径流，谓之峡水。[32]

《水经注》卷二：石门之水又东，北注高平川，川水又北，自延水注之，水西出自延溪，东流历峡，谓之自延口，在县西北百里。[33]

《甘肃通志》卷五：次水在县东北六十里，与苦水、东水乱流参差，合而为一，下流入高平川。[34]

《元丰九域志》卷三云：中彭阳州东六十里三乡萧一镇有大胡河、蒲川河。[35]

除水道外，彭阳境内又多湫池，颇具神秘色彩。湫池大多因山坡滑塌、堵塞沟道而形成，一般分布于黄土高原支毛沟底，历史上彭阳出现湫池较多，后由于地形变动，池水破谷而出，许多湫池已不复存在，比如莲花池、太阳湫、任湫，清雍正年间尚存，至今则全部消失。诗中所说的“彭池”，应该就是大雨后因山坡滑塌、堵塞沟道而形成的一个大湫池。按《元和郡县志》，隋开皇十八年改富平县为彭原县，因彭池原为名。又《元丰九域志》卷三云：“彭原州西南八十里六乡董志萧赤城宁羌〔中缺〕四镇有彭池原、睦阳川。”[36]董志原即彭原，彭池位于原上。既称彭池原，就说明彭池在隋时就早已化而为原，而诗云“路彭池”，很可能是说彭池在这场大风雨之后的突然消失，“路”就是说彭池在大风雨中水量陡增，漫过水堤，时间一长，在水的冲击下水堤自然不支而垮塌，从此匿迹。彭池曾是彭阳的象征，它在一场大风雨之后的突然消失，不仅见证了大自然对河山的无情改易，也见证了彭阳百姓在这次水患中的痛苦和灾难。

许云和：男，1962年生，云南曲靖人。1996年毕业于南京大学中文系，获文学博士学位。先后在云南大学中文系、海南大学文学院任教，现为中山大学中国古文献研究所教授。

参考文献：

[1] 李零：《简帛古书与学术源流》，生活、读书、新知三联书店2004年版，第348页。

[2] 吴礽骧、李永良、马建华释校：《敦煌汉简释文》，甘肃人民出版社1991年版，第244页。

[3] 张凤：《汉晋西陲木简汇编》，有正书局1931年版，第51页。

[4] 李零：《简帛古书与学术源流》，生活、读书、新知三联书店2004年版。，第348页。下引俱出该页，不复举。

[5] 司马迁:《史记》, 中华书局 1959 年版 , 第 1178 页。

[6] 班固:《汉书》, 中华书局 1962 年版 , 第 1060 页。

[7] 王先谦:《汉书补注》, 中华书局 1983 年影印。

[8] 朱剑心:《金石学》, 文物出版社 1981 年版 , 第 215 页。

[9] 梅鼎祚编:《东汉文纪》卷三十二, 见文渊阁四库全书, 台北商务印书馆影印。

[10] 孔祥星、刘一曼:《中国古代铜镜》, 文物出版社 1984 年版 , 第 69 页。

[11] 顾颉刚:《史林杂识初编》, 中华书局 1963 年版 , 第 279——280 页。

[12] 吴承学:《中国古代文体形态研究》, 中山大学出版社 2002 年版 , 第 111——112 页。

[13] 班固:《汉书》, 中华书局 1962 年版 , 第 3937 页。

[14] 李正宇:《敦煌郡的边塞长城及烽警系统》《敦煌研究》1995 年第 2 期。

[15] 斯坦因:《亚洲腹地考古图记》, 广西师范大学出版社 2004 年版 , 第 495 页。

[16] 杜佑:《通典》卷一百五十二, 中华书局 1988 年版。

[17] 吴礽骧、李永良、马建华释校:《敦煌汉简释文》, 甘肃人民出版社 1991 年版 , 第 244 页。

[18] 吴礽骧、李永良、马建华释校:《敦煌汉简释文》, 甘肃人民出版社 1991 年版 , 第 244 页。

[19] 魏徵等:《隋书》, 中华书局 1973 年版 , 第 982 页。

[20] 郦道元撰, 陈桥驿校证:《水经注校证》, 中华书局 2007 年版。

[21] 郭璞注, 毕沅校:《山海经》, 上海古籍出版社 1989 年版。

[22] 孔颖达:《毛诗正义》, 见《十三经注疏》, 中华书局 1980 年版。

[23] 班固:《汉书》, 中华书局 1962 年版。

[24] 萧子显:《南齐书》, 中华书局 1972 年版 , 第 1027 页。

[25] 郦道元撰, 陈桥驿校证:《水经注》, 北京: 中华书局 2007 年版。

[26] 许容等:《甘肃通志》卷十。

[27] 顾祖禹:《读史方舆纪要》, 中华书局 1955 年版。

[28] 王存等撰, 王文楚等点校:《元丰九域志》卷三, 中华书局 1984 年版。

[29] 许容等:《甘肃通志》卷五。

[30] 乐史等撰, 王文楚等点校:《太平寰宇记》卷三十三, 中华书局 2007 年版。

[31] 郦道元撰, 陈桥驿校证:《水经注》卷二, 北京: 中华书局 2007 年版。

[32] 许容等:《甘肃通志》卷五。

[33] 郦道元撰,陈桥驿校证:《水经注》卷二,北京:中华书局 2007 年版。

[34] 许容等:《甘肃通志》卷五。

[35] 王存等撰王文楚等点校:《元丰九域志》卷三,北京:中华书局 1984 年版。

[36] 王存等撰王文楚等点校:《元丰九域志》卷三,北京:中华书局 1984 年版。

编者按:据作者观点,《风雨诗》里“天门”与伏羌天门山有关,敦煌汉简文献极为珍贵,故收录于此,特向作者表示谢忱。

《天门春霁》 陈贵画

也说敦煌汉简『风雨诗』

范三畏

敦煌汉简《风雨诗》为目前仅见的出土汉诗，全诗完整，弥足珍贵。

全诗一简两行，竖写八句，每句或七字或八字，共六十字，加标点如下：

日不显目兮黑云多，月不可视兮风非沙。从恣蒙水诚江河，江流灌注兮转扬波。

辟柱槙到忘相加，天门俫小路彭池。无因以上如之何？兴章教海兮诚难过！

笔者日前忝为本书作序，书中收有许云和教授《敦煌汉简〈风雨诗〉考论》一文，读之深受启发。该文对原诗既注且释，考论详细，解决了理解这首珍遗古诗歌的大问题。但是仍有一些小的问题，笔者在此不揣浅陋陈之于下，以求教于许云和教授，以及对于此诗感兴趣之朋友们。

据许文，《风雨诗》之发现及研究过程基本如下：

1. 斯坦因 1913—1915 年第三次中亚考古所获并编号；沙畹、马伯乐又编号。

2. 张凤编号《风雨诗》51 页：19.

3. 张凤 1931 年释读了该诗；后来，吴礽骧等所编《敦煌汉简释文》也有解读，大部分同于张凤，个别地方小异。

4. 李零 2004 年又于释读，取得了一些新的收获。

5. 许云和 2009 年释读注解（《敦煌汉简“风雨诗”考论》）。

今亦据许文四个方面，谈谈个人几点思考如后。

一、关于“《风雨诗》考释”

以下对原诗，在许释基础上，亦择其要，略作注释：

口不显目兮黑云多，月不可视兮风非①沙。从恣②蒙水③诚江河④，州流⑤灌注兮转扬波。辟柱⑥槙到⑦忘⑧相加，天门⑨俫⑩小路⑪彭池⑫。无因以上⑬如之何？兴章教海⑭兮诚难过⑮！

①非：张、许皆释飞，许且引《梁相孔耽神祠碑》“天授之性，飞其学也”为证。

②从恣：通纵恣。

③蒙水：即罗玉河之古称。蒙水详《山海经•西山经》《水经注•渭水》等。

④诚江河：张、许同释为成江河。许且据《毛诗•我行其野》“成不以富，亦祇以异”，《论语•颜渊》引作“诚不以富，亦祇以异”以证。今按，《诗经》时代古于《论语》，故借成为诚。江河，长江、黄河。诚江河，简直就是长江、黄河。夸饰之也。

⑤州流：李、许皆云音义同周流。许且引《左传》“华周”《汉书•古今人表》作“华州”以证。今按，州，李、许皆未免拘释，州字形示急流冲决一大块地为三（即后来洲字之义，州、洲古今字），故不须改周字以释。州流，正渲染出小河暴雨后“诚江河”之状况。

⑥辟柱：犹壁柱，墙壁和屋柱。张、许同。“开辟之辟，与壁音近可以通用”（石小力《清华简“五纪”中的二十八宿初探》）。

⑦槙到：张、许皆读作“颠倒”。按槙，与颠皆音 [diān]，树梢，树木倒下。

⑧忘相加：忘，张凤音义作“亡”；李零音义作“妄”；许云和曰：“当读如‘更’字，‘更’与‘妄’形相近。《水经注》卷五：‘《琴操》以为孔子临狄水而歌矣。曰：

秋水衍兮风扬波，船楫颠倒更相加。’此即是其证。”按李说可通（联系隔句下文“无因以上”，即“无缘无故而加临”之意），然许说义长，所引据孔子狄水歌，疑即是《风雨诗》此句所本。

⑨天门：天门山，许云和详考后综曰：“此天门山当指天水郡冀县天门山。”今按，就诗境而言，天门者，借代指称冀县（今称甘谷县）天门（山）湫（明清县志“八景”中所谓“天门灵湫”）也。理由详后。

⑩侠：张直接释为“狭”；许认为当释“侠”，而通“狭”。今按“夹”字书写不严谨、不规范则易成“来”。

⑪路：许曰：“李零疑其读为‘露’，不可从，应照原字直读为‘路’，《释名•释道》：‘路，露也。人所践蹈而露见也。’《荀子•议兵篇》：‘路，亶者也。’注：‘路，暴露也；亶读为袒，露袒谓上下不相覆盖。’”今按，诸说并不可从。路，大也。《尔雅•释诂一》：“路，大也。”《诗•大雅•生民》：“寔覃寔訏，厥声载路。”毛传：“路，大也。”《史记•孝武本纪》：“路官乘矢，集获坛下。”裴骃集注引韦昭曰：“路，大也。四矢为乘。”本句诗前半曰“天门（湫）侠小”，后半曰“路彭池”，乃错综修辞（例如后世唐诗中王维诗句“倚杖柴门外，临风听暮蝉”之“柴门外”与“听暮蝉”）。天门，山也；彭池，泽也。山与泽何能比大小？吾因而推知“天门”又实天门湫之借代也。解诗歌中词语，不应脱离诗歌特色而释之，此亦一例。

⑫彭池：许曰“彭池原是以彭池而得名，盖彭池消失后化而为原，人以其名名其所在区域。”今按，其地行政区现为彭原镇，属于甘肃东北部庆阳市西峰区。据诗义，当时彭池尚在。又云“这句是说大风雨使彭池水位暴涨，向堤外四溢”。再云“‘路彭池’很可能是说彭池在这场大风雨之后的突然消失，‘路’就是说彭池在大风雨中水量陡增，漫过水堤，时间一长，在水的冲击下水堤自然不支而垮塌，从此匿迹……”按许说不确。此句乃是说：本来狭小的天门湫现在竟然大满而漫如彭池——“路彭池”是比拟夸饰，并非实写彭池水位；“天门侠［狭］小路彭池”与上文“从［纵］溹蒙水诚江河”写法相似，后先呼应。

⑬无因以上：无端而加临。许曰：“这句是说，风雨突如其来，无因而至，使人措手不及。”

⑭兴章教海：李零、许云和皆释“海”为“诲”，甚是。许又云兴章教诲义同于《墨子·非命》之“发宪布令以教诲”。“兴章”即“发宪布令”，“意谓向受灾百姓发布朝廷的赈灾措施，以教谕、安抚百姓”。

⑮诚难过：应有二义——（面对如此灾情）确实心里难过，（灾情如此严重）官民也确渡过。

二、关于“《风雨诗》的形式问题”

许文所论，其实只集中在此诗之句中或有“兮”字或无“兮”字的问题。

诗文中句带“兮”字，或在句中，或在句尾，是汉代骚体诗和骚体赋的一大标志，这涉及诗歌音乐性的问题。前人和许先生大都倾向于认为：诗赋句中带“兮”字，是为了增强唱叹效果；而当将其作为案头阅读文本对待时，则完全可以删去这些“可有可无的符号”。所以，古籍中的一些汉代诗赋，虽同一题目和作者，《史记》所载与《汉书》不同，《宋书·乐志》所收与《昭明文选》不同。这见解甚为有理，但又非绝对入理。

基于以上认识，许云和先生在文中说：

了解了“兮”字在阅读文本中的地位，我们也就可以理解汉简《风雨诗》为什么会随意省去句中的“兮”字了。十分清楚，抄写者对读者所要展示的《风雨诗》，绝不是一个包含诸多音乐元素的乐歌演出脚本，而是一个供人们案头阅读的文本。从这一目的出发，其中的一些音乐元素就成了可有可无的东西，其中的一些“兮”字被删，就正是这个原因。

上文笔者说过，此说甚为有理，结论基本可立。然而思考琢磨再三，总觉得还有话说。这使笔者想到了在论述此一问题时，应时时想到，属于作者创作心理与属于读者接受心理的也许细微差别。不错，这片简牍上的这首诗歌，出于抄录的概率极大，未必是作者的第一书写。然而，值得注意的是：本诗八句中的无“兮”字句，是否为抄录者将原句中的“兮”字“随意省去”了？还是这些句子原本就无“兮”字，抄录者忠实抄录的结果呢？

目前要凭传播学轨迹考察这一点几乎是不可能的，但是，我们可以从此诗文本本身来作一点分析，以推测诗句中“兮”字或有或无的原因，是本来如此，还是“随意省去”的结果。

此诗共八句，从习惯布局来说，八句体诗歌通常是前四后四式结构，此诗亦然：第一行四句，极力描写出急风暴雨的惊人气势；第二行四句，前两句一正一衬、一明一暗地描写出洪流对于人文环境的灾难性破坏，后两句抒发了有着特殊身份的诗人本身对于现状的悲痛无奈与深深担忧。

结构既然明白了，那么，我们就可以进一步看到，诗句中“兮”字的有无，其所无的那些句子，不像是已经“随意省去”了因而无“兮”字，这是因为全诗对“兮”字的布局具有一定的规律性：前四句有一句无“兮”字，后四句仅一句有“兮”字；前四句的无“兮”句在第三句，后四句的有“兮”句在第四句。

那么，前四句要删除“兮”字，为什么只删除一句的，而且只在第三句里？笔者认为，这不像是删除，而更像是有意布局，因为四句式往往呈现起承转合（当然古体非如律体严格，但这是根据普遍思路才规定的），故而无“兮”句恰在转句位置当非巧合！

后四句仅末句有“兮”字，又是为何呢？后四句属于全诗后半部，既与上半部的关系不能断，又要结构有所变化。写法上，其前两个描写句都不用“兮”，后两个抒情句则都当用“兮”，为何前一句没有用而是压在了最末句呢？依笔者拙见，与以上都不同，既然这两句压轴的是抒情句，一句推，一句起，因而本该都用“兮”字句，但是“无因”句是起峰，“兴章”句是高峰，应该略有区别，所以既然上句已有“如之何”能起到唱叹效果，也就不必再加“兮”字以叹，而把这一更强的效果置于末句才尤为显著，故后半部“兮”字只置于末句！

总之，从全诗“兮”字句有无的布局来看，应是原作者有意为之，而不应是那些无“兮”句的“兮”字已经被抄写者随意删除了。

三、关于“《风雨诗》的题名、作者、抄写者及创作年代和抄写时间”

许先生已经指出，从根本上来说，汉代的诗歌是没有诗题的，今所见诗题乃收集者编选时所加。这片简牍上的这首诗自然也就没有标题，第一次用出土实物文献印证了此说。

那么，《风雨诗》的题名来自何人，“乃是当时的发现及整理者斯坦因、沙畹、马伯乐及张凤等人所拟”。

但是，既然是近现代人士所拟，则诗题必有可议。根据汉代诗歌的收编惯例，结合本诗歌的情境范围和作者“卒章显其意”的口气，许先生指出：

> 这首歌诗是一地方长官自作的歌诗，我们可以用他的官名或名字做诗题。其次，因为是歌诗形式，诗题中就不应题作“诗”，而应题作“歌”。考虑到作者是陇西、天水或安定郡的最高长官，故这首诗可题作《陇西太守××歌》《天水太守××歌》或者《安定太守××歌》。

上段话的意思有两层：第一层意思是此作品按形式应称“歌”而非“诗”，这当然是由于“兮”字句要占一半的原因；第二层意思是作者应为三地必一的郡守，这显然是由于诗歌中涉及了三处地名，其中蒙水辖于今天水市秦城区，当时属于陇西郡，天门山属于天水郡治冀县境内，与上二地仅距离十余公里之遥，而彭池则属安定郡内，距离遥远。

然而，笔者在上文的诗注中，通过联系上下前后诗句意义，认为“蒙水”云云是实写，“天门”云云实中有虚，而“彭水”云云仅是取以对比的虚写，绝不在诗人的视野之内！

而且“蒙水”在前描写最多，“天门”在后描写很少（仅言狭小）且有省文（省去湫字），所以细思之，以上推测的三个身份中，似乎作者是陇西太守的可能性最大，是天水太守的可能性也不小（因为此天门山近在郡城），至于是安定太守则不可能。

当然，既在此处涉及当时的行政区划，就得还要补充交代许先生对于本诗歌年代的考证说明：属于此诗简牍的同批简牍都是东汉初年的文书，其时间流程在光武帝建武二十三年（公元47年）至明帝永平十年（公元67年）之间。

四、关于"《风雨诗》风俗地理考"

此部分中，许文在考引《水经注》《甘肃通志》的基础上认为，此次冀县——天门山发大水的原因，应该是大风雨引起内中湫池水位暴涨所致。由于山势险峻，门口狭小，大水必成咆哮怒吼之势，其形成的破坏力可想而知。另外，天门山在县南三里，其发大水，直接面临威胁的就是冀县县城，所以冀县县城在此次水灾中遭受的损失应该是相当大的。

关于天门山此次由于大水而湫池暴涨，原诗歌中虽仅仅描写了一个原本"狭小"的"天门（湫）"今竟大过彭池（"路彭池"），但基于诗句前边描写暴风雨的铺垫、渲染，则许先生对于该地水势及破坏力的合理联想便是顺理成章的。不过当涉及冀县县城时，则许文的交代却不尽正确。因为历史上的冀县城址，时间上大约以南宋为界：此前在今城西郊五公里天马山下，此后始改筑于今址的天门山麓。

2024年5月7日于甘肃甘谷

范三畏：汉族，生于1952年7月，甘肃省甘谷县人。西北师范大学文学院教授，主要从事古代文学的教学和研究，对先秦神话和陇右古史传说有着长期深入的探索。其"伏羲神话与文化研究"系列论文曾获甘肃高校1994—1995年度社会科学成果三等奖，所撰《旷古逸史·陇右神话与古史传说》（"陇右文化丛书"之一）获得第十二届中国图书奖。

甘谷县明代《报恩寺记》碑考

张　驰

［内容提要］报恩寺作为明清时期甘谷县境内最大的寺院，且为僧会司驻所，在甘谷县的佛教活动中占有重要的地位。万历十一年（1583年）《伏羌县重修报恩寺记》（下文简称《报恩寺记》）的碑文内容，对于明代报恩寺相关问题的研究，提供了重要的文献依据。同时也为了解当时甘谷县的佛教信仰、寺庙土地占有以及人文状况等，提供了独特的观察视角。

［关键词］甘谷县；明代；报恩寺；省祭官；阴医官；示铎乡约

甘谷县，位于甘肃省东南部，历史悠久。古称冀县、黄瓜、当亭、伏羌。《史记·秦本纪第五》载：秦武公十年（前688年）"伐邽、冀戎，初县之。"[1] 东汉时期，曾一度为凉州刺史部驻地。处甘凉孔道，是古丝绸之路上的重镇。境内佛教文化遗存丰富，以大像山石窟、西魏上官洛灵造像碑、北周三交寺造像遗存、报恩寺等为代表，见证了佛教在甘谷自北朝迄至于明代，延绵不断的传承历史。伏羌报恩寺始建于北宋嘉祐八年（1063年），元明时期屡有修缮，明代设僧会司于此，是关陇地区著名寺院之一。《伏羌县重修报恩寺记》（简称《报恩寺记》）碑，原在甘谷县城北街报恩寺旧址（今甘谷县粮食局院内），后移存于大像山，现立于天门山报恩寺院内。笔者不揣谫陋，在抄录整理碑文的基础上略作考述。

一、碑刻现状及录文

现存碑首、碑座及碑身三部分，碑首呈半圆形，阳面雕刻二龙戏珠，阴面无纹饰。碑座乃长方形束腰仰覆莲式莲花座。碑身长方形，长 148 厘米，宽 80.7 厘米，厚 17.4 厘米。碑阳上部自右至左横刻楷体阴文“报恩寺记”四字。其下竖刻记文，均楷体阴文，首行题“伏羌县重修报恩寺记”9 字；第 2—22 行为记文正文，共 21 行，计 797 字，满行 40 字，第 4 行国朝 2 字抬格；第 23 行落款标明树碑时间与立碑人。碑阴上部自右至左横刻楷体双钩“文碑一统”4 字，其下刊刻襄助人姓名以及报恩寺的四至方位、田产等内容（碑文详见第 111—116 页）。

二、相关问题

《报恩寺记》全文，不见载于清康熙巩建丰纂修《伏羌县志》（下文简称《巩志》）[2]，乾隆三十五年（1770 年）周铣修、叶芝纂《伏羌县志》（下文简称《周志》）[3] 以及同治十一年（1872 年）侯新严修、方承宣纂《伏羌县志》中。其碑文内容，为报恩寺的始建年代、修缮记录、庙宇布局，四至方位、庙产、田产等相关问题的研究，提供了重要的文献依据。同时碑文中所载明嘉靖、万历时期伏羌县历任知县以及伏羌县的致仕官，生员、士人等，可与《巩志》《周志》的记载互为补充印证，今就相关问题简要考述如下。

（一）报恩寺的始建年代及修缮记录

《巩志》《周志》中，均载报恩寺始建于元至正元年（1341 年）。而据碑文可知，其始建年代可上溯到北宋仁宗嘉祐八年（1063年），至正元年或是重建或重修之年。值得一提的是，《巩志》《周志》中，对于大像山寺大佛的开凿年代，定在嘉祐四年（1059年），同治九年（1870年）《重建大像山碑记》中，定在嘉祐三年（1058年），此二说均误，但是嘉祐三年或者四年（或以四年为确），大像山寺进行了一次重修或重建应为事实。再结合甘谷县博物馆藏磐安镇出土的一批北宋佛造像，或可表明，北宋时期，伏羌县境内佛教兴盛，尤其到了嘉祐年间达到顶峰，相继重修大像山寺，兴建报恩寺。彼时，上距真宗大中祥符九年（1016年）秦州知州曹玮荡平伏羌砦蕃部厮鸡波作乱已有40余年，且西夏尚未南侵，伏羌境内承平，故能密集兴建寺宇，修葺旧庙。

《巩志》《周志》中，只载明成化年重修。据碑文可知，明成化庚子（1480年）重修。嘉靖己亥年（1539年）再葺之。嘉靖甲子年（1564年）再重修，隆庆庚午年（1570年）竣工。万历丁丑年（1577年）再修缮。

（二）碑文中提及的官吏以及石匠

碑文云：始于嘉靖甲子年八月，迄庚午年九月，大工始就。踵告于县令甘公。……是岁丁丑春，河州三守孟公奉检来署。……县令褚公柽孙、浦公之云赞其事而未立石，甘公芍立石而未摛文。至于孟公师孔谒之，于人屉无□矣，终无就。……今癸未岁，幸逢县主新任，秦公国儒遂成厥工。

按：褚（楮）柽孙，据《巩志》《周志》知，其为河南祥符人，举人出身，嘉靖四十五年任，在任期间，减驿马，筑沙堤，有善政。据《天一阁藏明代科举录选刊·登科录》万历二年（1574年）进士登科录条载，其曾出任府通判一职，应在伏羌县令之后。其祖名褚宏，父褚霖，夫人陈氏，有子褚顺，万历二年进士。[4] 浦之云，《巩志》不载，据《周志》知，其为山东登州卫人，监生出身，隆庆二年任。甘芍，据《巩志》《周志》及清乾隆四十二年（1777年）段玉裁修《富顺县志》，知其为四川富顺人，嘉靖辛酉科（1561年）举人，隆庆六年（1572年）任。在任期间，政尚严明，增修城池，永资保障。又碑文中庚午年即隆庆四年，知隆庆四年时，甘芍已在伏羌知县任上。后曾任知州，具体不详。秦国儒，据《巩志》《周志》，知其为山西大同人，贡生出身，万历十二年（1584年）任。在任期间，情法两宜，民爱而畏之。清雍正刘士铭修《朔平府志》卷九《选举志》载：秦国儒，例贡出身，任伏羌县知县。据碑文可知，其字文山，万历十一年十一月时，已在伏羌知县任上。

儒学训导路可行，据《巩志》，知其为贡士出身。据《周志》知其为甘泉人，万历八年（1580年）任。据碑文知，其字镇州，万历十一年十一月已在伏羌县儒学训导任上。典史陈表，《巩志》只载其名，《周志》载其为四川人，万历十一年任。据碑文知，其字越山，为浙东人，《周志》记载有误。值得注意的是，有明一代，伏羌县未有县丞、主簿之设。《大明会典》卷四《官制三·外官》载：各县若编户不及二十里者，裁减县丞、主簿。而据《巩志》《周志》，伏羌县只下辖石人等十二里。

河州三守孟师孔，其人不见史载。山西牛帮口茨字21号台内万历二年阅视碑中有监工新乐县丞灵丘孟师孔。[5] 二者年代相近，或为同一人。孟师孔是岁丁丑春即万历五年春，以河州三守的身份奉检巩昌府秦州所属的伏羌县。三守不详其职官，或为分守道之别称，由于没有其他资料可参证，暂依此说论。分守道为布政使司的派出机构，负责督察几个府州的行政事务。如此则可知，明万历时期，陕西承宣布政使司在河州设有分司，负责临洮府、巩昌府等府州的奉检工作。据明嘉靖《河州志·卷二·官政志》行署条载：布政分司在州南，振武坊东。[6] 值得注意的是，上文万历二年阅视碑中，有巡按直隶监察御史屯留暴孟奇，其人后升任陕西临巩兵备道副使，陕西左参政，孟师孔之任河州三守，或与暴孟奇有关，聊备一说，暂且存疑。又《周志·艺文志》收暴孟奇《伏羌偶感》诗一首，应是行经伏羌时所作。

合水县石匠雷自辉。合水县为庆阳府辖县，亦属陕西承宣布政使司。从北朝至明代以来，合水县一带佛教兴盛，有着悠久的开窟造像的历史传统，迄今为止，其境内还保存有大量历代开凿的石窟。在这样的环境中，自然会有代代相承的石匠群体。如莲花寺石窟21号龛北宋绍圣二年（1095年）题记中，有石匠史俊。[7] 李家庄石窟第一龛金大定十六年（1176年）造像题记中石匠胡秀，第三窟明嘉靖二十六年（1547年）《新修罗汉洞碑记》中，合水县石匠冯□、王进等人。[8] 从《报恩寺记》碑的刊刻来看，其水平技艺一般。伏羌距离合水县数百里，从这么远的地方延请工匠，而不是就近寻找，或可间接表明合水县石匠明代活跃于陇右一带的客观事实。

（三）碑文中所载伏羌县士人

省祭官六人。省祭官为明代吏员通过捐纳获得入仕资格，被分拨至各衙门办事，谓之官办，满半年后，回籍省祭之人，他们一般要在家听选等待一二十年，才能到京城参加考试，考中者获得正式出身。[9]《大明会典》卷二十《户部七·户口二·赋役》下嘉靖二十四年（1545年）议定《优免则例》云："杂职省祭官、承差、知印、吏典各免粮一石，人丁一丁。"[10] 由于省祭官也是一种身份，故列名于碑文甚至方志中，如明嘉靖《河州志》卷二《选举志》下，就将省祭与贡士、典膳、义官等并列[11]。笔者于2018年去山西省繁峙县访碑时，曾见到一方明代残碑，其上亦有署"省祭官"者。相较于明代中晚期全国吏员捐纳人数的泛滥，从碑文中所列伏羌县省祭官只有六名来看，一则说明，伏羌毕竟地处僻壤，富户不多，能出几十两，甚至数百两白银购买冠带出身者少。二则说明，伏羌县民间还是重视教育，士子多以读书谋取出身为正途。

阴医官八人。阴医官一词不见文献记载，据《明史·卷七十五·职官四》载：医学。县，训科一人。阴阳学。县，训术一人。俱洪武十七年置，设官不给禄。明嘉靖胡缵宗撰《秦安县志》载：训术一人，训科一人，阴阳生五人，医生五人。阴阳医之职，阴阳主日，医主医。[12] 又据明正德黄文鸑纂修《新城县志·卷五·职员》载：阴阳学训术一员，领阴阳生推测阴阳，以授民事，及掌铜壶刻漏，以定昏晓。有缺，则推举本学生通阴阳者为之。医学训科一员，领医生医治官吏及一应军民人等疾病。有缺，则推举本学通达医道为之。由此可知一县阴阳学训术、医学训科之具体统领司掌之事。碑文中所言阴医官，或为当时将阴阳学训术以及医学训科合在一起的称呼。且八人中，有二人为现任，其余诸人皆是旧任。值得一提的是，碑阴示铎乡约下有医生陈环，而《周志》载医学训科下明代有程环，不知二人是否为同一人，若为同一人，则说明万历十一年时，陈环还是医生，还未担任医学训科。

甘州中护卫卫镇检□蒋起凤。伏羌地处巩昌兵备道辖区，碑文中的蒋起凤应为在甘州中护卫任职的伏羌籍人氏。甘州中护卫，为明代甘肃镇下辖十二卫之一。掾九人。掾即掾吏，应为县六房即吏房、户房、礼房、兵房、刑房、工房以及粮科、承发司、儒学等部门的司吏。据明正德《新城县志》：国朝郡县皆设六房，房各置吏。除阴阳、医学、僧会、道会不置外，其余衙门皆一官一吏或二吏。[13]

致仕官五人。据《巩志》《周志》：李元，岁贡出身，曾任四川崇庆州训导。王言，岁贡出身，曾任华州学正。严宸，选贡出身，曾任河南义阳王府教授。巩延龄，嘉靖癸卯科（1543 年）亚魁，曾任四川岳池县知县。陈嘉谟，嘉靖戊午科（1558 年）举人，曾任山西灵石县知县。据碑文可知，上述五人在万历十一年时已致仕归里。

监生五人。据《巩志》《周志》：蒲文华后为选贡，曾任四川雅州州判。蒋川，后为岁贡，曾任三水县训导。巩养重，巩延龄之子，后为例贡监，曾任四川泸州州同。王养正，后为岁贡，未仕。赵瑜，后为选贡，曾任江西广信府通判。据碑文可知，上述五人在万历十一年之前，身份还是监生，其身份变为贡生，并授予官职则是万历十一年以后之事。其中巩养重以捐纳的方式获得例贡监资格，当与其家庭出身较为优渥有关。

庠生三十四人。据《巩志》《周志》：谢戬，后为岁贡，曾任山丹卫训导。蒲文光，后为岁贡，曾任富平县训导。马道东，后为岁贡，曾任四川通江县训导。李得光，不载。王胤光，见下文。李自成，后为岁贡，曾任山西蒲县知县。马光远、王琳、黄渊，均不载。王修，《巩志》《周志》孝行条载，割股为父治病的孝子盗上里民王浒，有玄孙王修，为邑博士弟子，两者或为同一人。宋自禄，《周志》卷十一《列女志•烈妇》丁氏庠生宋自禄妻条有载，早卒。蒲轮，《周志》卷十一《列女志•节妇》杨氏蒲轮妻条有载，早卒。王范、李崇不载。宋自寿，后为选贡，年甫冠，肄业太学，考第一，未几卒。梁胜任，后为岁贡，曾任山东青州府通判。吴瑾，不载。李羡，后为岁贡，曾任山东阳谷县主簿。宋自福，

《周志》卷七《人物志·孝行》庠生宋之佐条有记载，因腹病卒。李应丰、王养士、李岁成均不载。王家鼎，《周志》卷十一《列女志·节妇》王氏庠生王家鼎妻条有载，早卒。蒋自远，后为恩贡，曾任三原县训导。杨宪，后为岁贡，为诸生时，恬心诵读，有拾金不昧事，曾任河南南阳府教授。谢时亨，后为岁贡，曾任山西芮城县主簿。张相，后为岁贡，曾任蒲城县教谕。李胜鸾，后为岁贡，曾任四川金台县训导。廖钿，后为岁贡，曾任岳阳县知县。李腾霄，后为吏员，曾任山西荣河县典史。梁邦佑，《巩志》不载，后为岁贡，曾任山西闻喜县县丞。马汝颜，后为恩贡，曾任北直安平县训导。安雍，后为岁贡，曾任葭州训导。白锦，后为吏员，曾任巫山典史。

碑文中的五名致仕官，从他们万历十一年在世，再结合明代官员一般以 70 岁致仕的制度推测，他们生活为官的年代，大致在嘉靖、隆庆，万历朝。而碑文中所载监生 5 人，庠生 34 人，生活、仕宦年代则主要在万历朝，其中的 23 人最后均有出身，21 人曾出任官职，2 人未仕。此 23 人连同没有功名早卒的庠生 4 人，全部见载于《巩志》《周志》中。其有出身人数占《选举志》中所载明代伏羌有出身人数的 11% 强，反映了明嘉靖、万历年间伏羌县文教的兴盛，这应非偶然现象，必有其根由。纵观《巩志》《周志》所载明嘉靖至万历年间的伏羌历任教谕，莫不兢兢业业，以育人为己任。如梁杲，嘉靖九年（1530 年）任，行端教勤。刘远，嘉靖十三年（1534 年）任，立心不苟，教育有法。高桀，嘉靖三十九年（1560 年）任，博学能文，造士多术。马坤，嘉靖四十二年（1563 年）任，模范老成，课士不倦。马协，万历十七年（1589 年）任，仁厚直方，凡有利害，尽言悉陈。王汝武，万历三十一年（1603 年）任，处心宽厚，训士端方。正是由于在这些人的接力下，加上地方对于文化的重视，才有了嘉靖、万历时期伏羌人文蔚起之盛况。

碑阴铭文示铎乡约下有马光裕、孝子李栋，助缘善士下有谢珮，此三人或正是《巩志》《周志》中廉义条、孝行条下所载之人。《周志·人物志》廉义条载：明马光裕，家贫，拾遗金，询归其主。马光裕能出任示铎乡约，或与其拾金不昧的义行有关。《巩志·人物》孝行条载：李栋，邑民。笃信人也。事亲敬事不违。邑人举之。县尹王公从善旌曰：知孝。据《巩志》《周志》载：王从善，河南洛阳人，万历四十年任。而万历十一年的碑文中已经言李栋为孝子，下距王从善出任伏羌知县还有二十九年，颇为可疑。故万历四十年可能是嘉靖四十年（1561年）之误，若是嘉靖四十年王从善任伏羌知县，下距万历十一年立碑已有22年。表彰孝子在先，将孝子之名刻进碑文在后，如此则合乎逻辑。可知《巩志》《周志》名宦条下所载王从善的任职时间有误。且李栋正是以孝子的身份被推任为示铎乡约。需要补充的是，《巩志》《周志》中王羌特撰文的《何烈女传》载：万历丁巳，县尹王公从善暮过其乡。此中万历丁巳，应是嘉靖丁巳之误。万历丁巳，即万历四十五年（1617年），而据《周志·名宦传》：四十三年，流寇初起，抢掠州县，由东岭将来县，公（王从善）闻，率民众往拒之，奋勇当先，中流矢卒，士民感伤，立祠绘像祀之。若依《周志》载，万历四十三年时，王从善已卒，何来《何烈女传》中万历四十五年再给何烈女立祠绘像之事，两相抵牾。若将《何烈女传》中的万历丁巳校正为嘉靖丁巳，即嘉靖三十六年（1557年），《周志》中的万历四十三年校正为嘉靖四十三年（1564年），则所有的事件均前后符合逻辑：嘉靖三十六年，王从善始任伏羌知县，到任后为殁于二十三年前，即嘉靖甲午年（1534年）流寇作乱中的何烈女立祠绘像。嘉靖四十三年，王从善中流矢卒于伏羌知县任上。在伏羌共七年时间，与《巩志》所载任事六年接近。关于王从善战亡之经过，《河南府志》记载颇详，然时间仍只言万历中。无论是《巩志》《周志》还是《河南府志》，将王从善的年代都记在万历间，可见它们所征引之原始文献相同。王从善在伏羌知县任内，还有为孝子王浒立祠一事，并为王浒和其元孙王修作有赞诗，其中《赞孝子王修》诗云：木本水源信有因，衣冠接武绍闻真。宗风不改高曾志，堂构时新报所亲。王从善作此诗以表彰时人王修孝亲之风一如其先祖王浒。若此诗即便作于嘉靖三十六年，下距万历十一年，也仅26年，故王从善诗中的王修与碑文中的庠生王修为同一人的可能性存在。《巩志·人物志》孝行条载：庠生谢珮，字尚玉。性醇谨，事亲以孝闻。洎父母相继亡，家贫，营葬不能成礼，每日呼天号泣，躬自负土筑坟。又于墓旁结草庐，独居三年，植柏四株，不时灌水，历久苍翠。乡人异之，咸称庐为永慕亭。前明博士弟子王胤光（《周志》作王允光）为之记。巧合的是，碑阳庠生题名中，恰有王胤光，可知谢珮与王胤光为同时期人。博士弟子为庠生之别称，王胤光应该最后未出仕做官，故而《选举志》不载。

示铎乡约即持铎宣示乡约之意。《明太祖实录》载：洪武三十年（1397年）九月上命户部下令天下民，每乡里各置木铎一，内选年老或瞽者，每月六次持铎徇于道路，曰：孝顺父母，尊敬长上，和睦乡里，教训子孙，各安生理，毋作非为。[14] 知明代初年，为了教化民众，官府找人持铎沿街宣读太祖的圣谕六言成为制度。明嘉靖胡缵宗撰《秦安县志》载：木铎老人七人。以御制民谕，谕于其乡。[15] 明代后期，较之明初，州县宣讲乡约的程序更为复杂。明万历刘世纶纂《重修通渭县志·卷二·礼志》乡约条载：化民成俗，系匪细也。渭上久废不行，属缺典，今选立约正、约副、约讲、约纠、诸执事，聚约众以圣谕六条，演刻明白浅语，月初二、十六日，东诣潮应寺，西诣报恩寺，南诣演武场，行礼讲谕毕，廉有善恶人，量行劝诫，士民蒸蒸耸听，风移俗化，仍令各乡村镇店，随处讲行如城中。[16] 至于乡约宣讲更为具体的礼仪操作流程，我们可从去明不远，清康熙年间岷州的乡约活动中一窥端倪。清康熙汪元䌹修《岷州志·卷六·典礼》乡约条载：择人民辐辏，城乡、市镇适中之地，就庙寺庵观之最宽敞者，立为约所。中奉上谕牌，置木铎于案上，设香案于前，设钟鼓于堂之东西。举约长一人，约副一人，约讲二人，以年高有行、明礼知文者为之。每月朔望，官吏绅衿耆老军民人等，以辰巳为期，并赴月（约）所。官吏列左，绅衿耆民列右，行三跪九叩头，礼毕，长官、教官、佐领、武职西向，乡官、举人、贡监廪长东向，各以次列坐。其余并于坐后环立静听，执役者设讲案，约正诣香案前跪领铎，与约副分立讲案之东西，约讲次于正副之下，左击鼓，右鸣钟，约正振铎，约讲宣讲上谕一十六条，每一条已，击钟三下，少间振铎如前，始及次条，讲毕，约正秉铎仍诣香案前跪置于案，官与绅士、耆民人等以次而散。[17] 从《报恩寺记》碑文可知，万历时期，持铎宣示乡约之人的身份，已由年老或瞽者变成了义士、孝子、医生这类代表社会伦理道德规范标尺的士人，让这些实为乡里表率的人来宣讲移风易俗的乡约，显然能起到更好的教化效果。

《明史·卷七十五·职官四》载：府僧纲司，都纲一人，副都纲一人。州僧正司，僧正一人。县僧会司，僧会一人。洪武十五年置，设官不给禄。知僧会司为县级管理佛教事务之机构，主管一县僧众，长官为僧会。据明正德《新城县志》载：僧会司僧会一员，统领众僧焚修，以祝圣为事。有阙，推举各寺僧有戒行者为之。[18] 碑阴铭文中僧会司下只有署记僧刘清谅，未见有僧会。又据《周志》，明代僧会司僧会有舟佣、康净兴，巧合的是，碑阴同助缘下人名中有谢舟潚、康净兴，若《周志》所载与碑文同，则他们二人出任僧会司僧会的时间应在万历十一年之后。另外碑阴铭文中，将助缘善士与同助缘分列，显然他们是两个不同身份的群体。从名字来分析，同助缘下应该是居士和出家人。

（四）明代伏羌县境内的寺观及土地占有状况

碑阴铭文中，除了伏羌县示铎乡约诸人、各里里老、助缘善士、居士、僧人以及僧会司相关人员的名字之外，还忠实地记录了报恩寺的四至范围，庙产以及田产。尤其在田产部分，共记载伏羌县境内寺庙 27 所，由于碑文脱落，应该还有其他祠庙失记。但从现有的来看，可以说几乎囊括了当时伏羌县境内所有的寺庙。今结合《钦定古今图书集成》《巩志》《周志》《甘肃通志》等的记载，罗列如下：

显庆寺，在中洲，今六峰镇中洲村。永福寺、耳乐寺，志不载。觉皇寺，又名兴国寺，在县东 20 里，今六峰镇觉皇寺村，明洪武年间建。觉天寺，在伏羌县西北 70 里，明永乐三年建，见载于《甘肃通志》。甘谷西北 70 里处，为今礼辛镇，觉天寺应是礼辛下街北极宫。通过堡寺、大像山永明寺、谢家寺、倒札寺，志均不载。明代大像山永明寺，或为清志中所言大像寺，在县西南 2 里大像山上。金仙寺，在县西 15 里，今大像山镇马务寺村，明洪武年间建。华盖寺，在县西 20 里，今大像山镇二十铺村，俗名铁瓦寺。嘉靖二十九年（1550 年），因上疏弹劾仇鸾开马市之议，杨继盛被贬为狄道典史，途经伏羌时，登临此寺，并有《题华盖寺壁》诗一首。雪岩寺，在县西 30 里，今盘安镇三十里铺村，明洪武十四年建。潘家寺，志不载。见龙山东岳庙，志不载。据《巩志》《周志》：见龙山，邑西40里，山势逶迤如龙，上有大堡，永宁镇灾余遗民聚焉。宝岩寺，在县西五十里铺，明景泰三年建。遇普寺、姑嫂寺，志不载，姑嫂寺在县西北80里礼辛镇寨子村。据清光绪间陈协华《重修姑嫂寺募缘疏》，姑嫂寺初名觉天寺。然《报恩寺记》中姑嫂寺与觉天寺并列，应为两个寺庙，存疑待考。海潭寺弥陀院，志不载。此海潭寺或为志中所言黑潭寺，在县南60里，今古坡乡石鼓山下。元至正年建，寺居林中，下有潭，水色黑，深不可测，中产鱼，乡人网得之，厥味甘。甘泉寺、享泉寺、秋沟寺，志不载。尖山寺，在县南40里，今武家河乡尖山，高峰插天，绝顶有寺，时现五色祥光。观音殿，志不载。蔡家寺，在县东北20里，今渭阳乡蔡家寺村，元至正年建，庙貌巍峨，古柏苍翠，渭水环流，颇称胜地。慈光寺，在县西北20里，今新兴镇崔家村，明洪熙年建，崇祯年改迁。平头山庵、西五皇山双明洞西禅院志不载。

据碑文不完全统计，当时报恩寺及所属寺庙的土地约8顷，万历时期伏羌县境内的耕地总量不详，但应该与清康熙、乾隆年间的土地总量大约相当。若依《巩志》《周志》中，清康熙、乾隆年间全县土地总数两千余顷来算，寺院的土地占有量约为0.4%，该占比与周上群《明代寺院土地占有研究》一文中所统计的南方地区寺院占一县土地总量的比例大多都在1%以下相同。[19] 但是相较于江南土地的平坦肥沃，伏羌地处西北，土地荒寒，川小山高，且岁唯一收，所以以报恩寺为首的寺庙整体经济状况一般，庙宇修葺也是力不能逮，故才会有碑文中所载寺僧舟泝为修缮庙宇，苦心极力，募缘于陇之遐迩，且历时六年才竣工之事。值得一提的是，万历八年，时任内阁首辅的张居正上疏万历皇帝获准在全国展开耕地丈量，故可推测，三年之后所立《报恩寺记》碑，其碑文中详列的寺院所属土地数据，或直接来源于此次土地丈量，两者之间应有关联。

作者按：在访碑过程中，承蒙普融法师、石海、王晓霞等师友、同学提供帮助，谨致谢忱。

参考文献：

[1] 司马迁：《史记》，中华书局1982年版。

[2] 牛勃等点校，清巩建丰纂修：《伏羌县志》，甘谷县县志编纂委员会办公室，1999年。

[3]（清）周铣修，叶芝纂：《伏羌县志》，中国社会科学院研究生院图书馆藏本影印。

[4] 龚延明主编，邱进春点校：《天一阁藏明代科举录选刊•登科录（点校本•下）》，宁波出版社2016年版，第517页。

[5] 尚珩：《美国哈佛大学汉和图书馆藏〈边城御虏图说〉研究》，《北方民族考古（第7辑）》，科学出版社2019年版，第161—179页。

[6]《中国地方志集成•甘肃府县志辑四十》，凤凰出版社2008年版，第30页。

[7] 孙晓峰，臧全红：《甘肃合水县莲花寺石窟调查简报》，《敦煌研究》2011年第3期，第62—69、129—131页。

[8] 臧全红，董广强：《甘肃省合水县几处晚期石窟调查简报》，《敦煌研究》2009年第5期，第53—60、130页。

[9] 王海妍：《明代吏承捐纳研究》，《北方论丛》2014年第4期，第84—87页。

[10]（明）李东阳等奉敕撰，申时行等奉敕重修：《大明会典》卷二十，哈佛大学图书馆藏明万历十五年内府刊本影印本。

[11]《中国地方志集成•甘肃府县志辑四十》，凤凰出版社2008年版，第48页。

[12] 中国西北文献丛书编委会：《中国西北文献丛书•第一辑》，《西北稀见方志文献第三十九卷》，第286—287页。

[13]《天一阁藏明代方志选刊续编（四六）》，上海书店出版社2014年版，第434—435页。

[14] 台湾中央研究院历史语言研究所校勘：《明实录》卷255，1962年，第3677页。

[15] 中国西北文献丛书编委会：《中国西北文献丛书•第一辑》，《西北稀见方志文献第三十九卷》，第286、288页。

[16] 中国西北文献丛书编委会：《中国西北文献丛书•第一辑》，《西北稀见方志文献第三十九卷》，第497页。

[17] 中国西北文献丛书编委会：《中国西北文献丛书·第一辑》，《西北稀见方志文献第三十九卷》，第 105 页。

[18]《天一阁藏明代方志选刊续编（四六）》，上海书店出版社 2014 年版，第 434 页。

[19] 周上群：《明代寺院土地占有研究》，《佛教研究》2017 年第 1 期，第 158 页。

原文发表于《陇右文博》2020 年第 3 期

张驰，原名张志敏，甘谷礼辛人。北京建筑大学毕业，长安金石学社副社长，《金石研究》杂志执行主编。

修省斋　陈贵摄

兰州发现明天启报恩寺木刻版佛经

王文元

2017年9月28日，一本明代天启年间的佛经，在兰州被人们发现，其风格同敦煌写经一脉相承。佛经题记说，这是甘肃甘谷县一户姓李人家，出资为当地报恩寺雕版印刷的。

国庆节前，在兰州赐福巷陇尚纸品交易中心一家店铺内，我们看到一本明代佛经。在地下室的一间店铺内，藏家刘先生展示了这部佛经。只见他小心翼翼，从挎包里拿出一个黄布包，放到桌子上，仔细打开后，一部经折装的《观音菩萨普门品经》就出现在我们面前。

这部佛经，高28.5厘米，宽9.5厘米，经折装订共34折，前前后后70页许。最前面几折是观音菩萨讲经说法图，此图雕工精美，人物线条灵动，面部表情丰富，有敦煌藏经中唐代《金刚经讲经说法图》的气韵。

《观音说法图》之后为佛经正文，用赵体字雕版，飘逸潇洒，赏心悦目。佛经后半部分，有布施人和雕版工匠的题名。其内容有两部分，一为寺院名称及雕版工匠姓名，其中写到：伏羌县（今甘谷）报恩寺北院沙门……西安府刻字匠　胡正言等内容。另一处是佛经末尾的题名，其中写到：大明国陕西伏羌县石人里人氏，在渭河中洲住，生员李……布施经版一副，铜钱一千，面油柴薪俱全，天启丁卯正月十五刊行。

从这些内容来看，明代天启七年（天启丁卯），甘谷县城边有一石人里，当地姓李居民，居住在渭河及其支流形成的河心洲——中洲，他们出资刊印这部佛经，并在正月十五发行。

收藏界业内人士认为，初步来看，从佛经雕版的风格、内容来看，无疑为明代所雕。其年号明确，地名表述和当地地方志记载相符，至今甘谷县城东面还有中洲村。其中一句佛经中有“玄”字出现，显然尚未避清康熙玄烨的讳。其观音讲经图风格，同敦煌藏经似是一脉相承。

据介绍，甘肃藏明代佛经比较多，《大藏经》甘肃就有三套。不过，这三套明代《大藏经》都是官方刊印，制作精美，彰显着皇家气象。因此，有关人士认为，这部佛经应该是为数不多的明代甘肃民间木刻版图书。其对研究明代甘肃地方史、科举史、图书史、家族史以及渭河河道变迁，有相当大的参考价值。

王文元：1969 年生于甘肃古浪。现为《兰州晨报》首席记者，专栏作家、书法家，甘肃省作协会员。长期致力于丝绸之路、西北文史、收藏鉴赏、文化研究等方向稿件的采写，在报刊发表大量作品，并出版、参编著作十余部。

伏羌报恩寺紫光和尚字辈考

普　融

紫光和尚是伏羌报恩寺历史上少有的在民间影响力极大的传奇性僧人。清末安履祥在《紫光和尚小传》里说："释紫光，邑天目报恩传临济正宗第三十四世，报恩寺僧。里氏未详，晦迹潜修，俗子莫识，与潘友海先生契……清康熙间某冬夜，雪深尺余，晨斋时遍觅不得。惟佛殿数丈外，一足印朗然，咸怪之，未几，有人报和尚坐化于大像峰太昊宫前。往视，玉箸双垂，晏然圆寂矣。"1979年，甘谷僧众根据民国二十二年重建紫光和尚碑，对其进行了再刻，竖楷中上双行小字"报恩堂上传临济正宗十三世"，下接大字"紫光和尚之墓"；左小字署"清康熙十三年圆寂建"；右小字前行署"中华民国二十二年释源深重建"，后行署"公元一九七九年四月僧众重建"。以上是目前我们掌握的紫光和尚仅有的生平史料，但两者有所误差，一个说紫光和尚是临济正宗十三世，另一个说是第三十四世，究竟孰对孰错，笔者接下来作一番考证。

据《佛祖心灯·临济宗僧谱》所载："迦叶二十八传至达摩，达摩五传至曹溪六祖，六祖后派列五家。六祖传南岳让祖，让传马祖一祖，一传百丈海祖，海祖传黄檗运祖，运传临济义玄禅师，为临济宗，第一代。玄祖传至十九代碧峰性金禅师，金祖下六传至突空智板禅师，为二十五代。智祖演派十六字：

智慧清净 道德圆明 真如性海 寂照普通

后从通字下，又续演 32 字：

心源广续　本觉昌隆　能仁圣果　常演宽宏　惟传法印　正悟会融　坚持戒定　永继祖宗

今将诸祖，以及来贤，薙法名字称呼顺序，缉为联芳，免至失传寻源，无启紊乱之误。”

从以上《佛祖心灯·临济宗僧谱》看出，自临济初祖义玄禅师创立该宗以来，传至智板禅师“智”字辈时已经是第二十五世了，显然大像山紫光和尚墓碑“报恩堂上传临济正宗十三世”不能成立。

笔者认为，大像山紫光和尚墓碑，民国二十二年释源深重刻时应该写的是“临济正宗三十三世”，或因原碑文年久风化字迹漫漶不清，抑或原碑文早已毁坏，以致 1979 年僧众再次重刻时误把三十三世刻成十三世了。但释源深的紫光和尚临济正宗三十三世说与安履祥的三十四世说相差了一世，我觉得这是释源深的失误，有例为证。清光绪二十六年释源深手抄了一本《慈悲七佛弥陀道场忏法科》，在卷尾释源深题有“传临济正宗第四十世，伏羌报恩寺关帝庙住院僧心田、心远……”根据《佛祖心灯·临济宗僧谱》四十八字辈来推算，心字辈应该是第四十一世，释源深显然少算了一世，所以当他重建大像山紫光和尚墓碑时把三十四世写成三十三世就不难理解了。

按照安履祥观点，紫光和尚应是临济正宗第三十四世“如”字辈僧人。根据报恩寺所藏明清古籍卷尾题记，伏羌报恩寺“如”字辈就在明末清初。传紫光和尚与潘钦岳友情深厚，交往密切。潘氏写有《紫光和尚开经度亡》诗一首。潘钦岳，字友海，生于清初 1636 年，卒于康熙五十九年（1720 年），享年八十有五。紫光和尚比潘氏年长，按康熙十三年紫光和尚圆寂时推算，此时潘氏 39 岁，符合同时代人。

因此，笔者倾向于安履祥的说法，即紫光和尚是临济正宗第三十四世。

天门山山门　王天乐摄

卷九

大事记

◎伏羌报恩寺大事记

◎伏羌东岳庙大事记

◎附　天门春晓（歌曲）

伏羌报恩寺大事记

1063 年　癸卯　北宋嘉祐八年

报恩寺创建。

1341 年　辛巳　元至正元年

报恩寺重修。

1480 年　庚子　明成化十六年

报恩寺重修。

1539 年　己亥　嘉靖十八年

报恩寺重修。

1564 年　甲子　嘉靖四十三年

报恩寺重修。

1577 年　丁丑　万历五年

报恩寺重修，增建伽蓝殿、护法殿。

1627 年　丁卯　天启七年

报恩寺木雕版《观音菩萨普门品经》刊行。

1640 年　庚辰　崇祯十三年

知县曹大行手抄《大方广佛华严经》八十卷赠予报恩寺永存。

1674 年　甲寅　清康熙十三年

紫光和尚圆寂，并建墓窟墓碑于大像山大佛西侧。

1934 年　甲戌　民国二十三年

报恩寺成立甘谷县佛教功德居士林，林员三百七十七名。

1938 年　戊寅　民国二十七年

报恩寺方丈源深和尚圆寂。

1950 年　庚寅

十月，北街报恩寺僧众十一人迁居天门山东岳庙。

1986 年　丙寅

夏，重修报恩寺东禅院，为四合院落。东五间佛殿，西三间寮房，南三间寮房，北三间寮房、两间库房，山门朝西。

1987 年　丁卯

秋，觉凯法师赴南京佛学院深造。

1990 年　庚午

秋，普融法师赴厦门闽南佛学院深造。

2006 年　丙戌

正月十六，本继法师圆寂。

2016年　乙未

春，建报恩寺历代祖师塔于寺庙东，塔高七级，高十余米。

2018年　戊戌

五月初五，觉苗法师圆寂。

十月，觉凯法师晋院。

2019年　己亥

四月，天门山报恩寺念佛堂竣工，王金慎题写匾名。

夏，举行华严法会二十一天，普融法师主持。

七月初七，普融法师带领报恩寺信众八十余人赴青海朝圣，为期十天。

九月二十二，天门山报恩寺联合玛雅房屋公司赴金川南坡寺村开展慈善送温暖公益活动。

2020年　庚子

七月，普融法师带领报恩寺信众八十余人赴甘南腊子口、扎尕那、拉卜楞寺、郎木寺朝圣。

十月，甘谷县委统战部、天门山报恩寺、甘谷县新联会到白家湾乡开展慈善捐赠活动。甘谷县委统战部副部长陈胜利、天门山报恩寺普融法师、甘谷县新联会主席杨顺林等百人参加。

2021年　辛丑

七月，普融法师带领报恩寺信众八十余人赴山西五台山、云冈石窟、天龙山石窟、晋祠等地朝圣。

十月，甘谷县委统战部、天门山报恩寺、甘谷县新联会到社会福利院慰问献爱心。甘谷县委统战部副部长杨朝晖、报恩寺维那师释耀希、甘谷县新联会主席杨顺林等人参加。

2022 年　壬寅

八月，天门山报恩寺、甘谷县文联、甘谷县摄影家协会联合举办“天门春晓”主题摄影大赛，参赛作品六十余幅。

2023 年　癸卯

三月初七，中共甘谷县委统战部、中共甘谷县委宣传部、甘谷县文联、甘谷县融媒体中心、在凌虚台联合举行“赏千年牡丹、游天门圣境”文化活动。

八月十五，甘谷县文艺界在凌虚台举办“天门映月”庆中秋文化雅集。

东岳庙庭院　王天乐摄

伏羌东岳庙大事记

1591 年　辛卯　明万历十九年

伏羌东岳庙已经存在，具体创建年代待考。

杨恩残木十卷载有泰山庙（东岳庙）。

明伏羌旧八景载有"天门春晓""古岳灵湫"。

1784 年　甲辰　清乾隆四十九年

回民田五反于海城，五月十八日，转掠入伏羌境，城外之回民又起应之，据城南之天门山。杨令芳灿率士民婴城固守，战况壮烈。

1863 年　癸亥　同治二年

东岳庙遭回民反清所焚。

1890 年　庚寅　光绪十六年

东岳庙重建，千百林等二十二人敬献"万仞参天，从星云霄汉之中，直接玉皇香案；一峰拔地，经兵燹烽烟而后，重瞻泰岱灵岩"楹联。

1898—1899 年　戊戌—己亥　光绪二十四至二十五年

东岳庙重建。

1931 年　辛未　民国二十年

东岳庙北殿重建。

1932 年　壬申　民国二十一年

东岳庙南殿重建。

1950 年　庚寅

北街报恩寺僧众十一人移居天门山东岳庙。

1966 年　丙午

七月二十一日，东岳庙山门、戏楼、土地庙、惩恶厅、嘉善厅、大殿、卷棚、后殿以及僧房均遭毁坏，仅存南北二殿。

1984 年　甲子

春，原甘肃省书法家协会名誉主席尹建鼎题写“天门山”匾额，现悬挂于山神土地庙北门。

原甘肃画院院长黎泉题写“天门春晓”匾额，现悬挂于东岳庙山门内。

1985 年　乙丑

十月，由南岭渠工程队施工，天门山后山公路通车。

1988 年　戊辰

春，东岳庙大殿、后殿、卷棚地基开工，历时半年完工。

1991 年　辛未

二月初三日，大殿、后殿、卷棚主体开工。释本继主持，李玉正、杨子珍、何遂宝等人负责木工，马瑞田、王友楠等人负责彩绘，蒋定福等人负责砖雕，蒋来福等人负责泥瓦。

1995年　乙亥

春，马瑞田、王友楠等人彩塑前殿东岳大帝、后殿娘娘圣像。

1996年　丙子

十月初六日，东岳大帝殿、后殿圣像开光。释本继主法，天水地区各大寺院僧众及信众参会者数千，盛况空前。

2003年　癸未

春，重建山神土地庙。正殿坐东朝西三间，塑山神、土地神像。南北有耳房各一间。正西有照壁一面，高数丈有余。南北有门二座，飞檐斗拱，十分壮观。彩绘：王银宝、王建元。木工：王顺禄、何遂宝。泥瓦工：蒋来福等。

腊月，立“祥天福地”碑于山神庙北门外，王金慎书。

2007年　丁亥

春，重建东岳庙山门、嘉善厅、马三将军殿、惩恶厅、财神殿。马化麟、潘志强负责，甘谷县六峰建筑公司承建，王银宝等人负责彩绘，王青川等人负责彩塑。

夏，上海明旸法师题写“天门山”匾额。

2013年　癸巳

春，新建大雄宝殿于卷棚西侧，为歇山式清式建筑三间。释觉苗主持，王青川等人负责彩绘，何遂宝等人负责木工，卢世忠等人负责泥瓦。

2015年　乙未

秋，甘谷县民族宗教事务局为天门山颁发“宗教活动场所”牌匾。

2017 年　丁酉

春，新建映雪堂。李建龙、卢世忠等人主持。

2019 年　己亥

九月初九，悬挂赏善殿“彰往察来”匾额（李恒滨题写）、惩恶殿“烛鉴难遁”匾额（陈天铀题写）、后殿“慈德昭垂”匾额（秦理斌题写）、东禅院“五观堂”匾额（刘满才题写）。

十月，原甘肃省书法家协会主席林涛书、宋廷桢撰东岳庙山门联“门可通天，仰观碧落星辰远；路承绝顶，俯瞰渭川峦屿低”。

2020 年　庚子

三月，开辟梅园，建访梅山房。

八月，举行武克雄书、李则广撰东岳庙大殿联“祗应孔子登，天下犹小，岂止泽沾龟蒙青土；不许季氏旅，林放且知，何偏恩在马耳黄窑”悬挂仪式暨书法联谊活动。

十月，甘谷县文联在杏园春晓亭举办首届天门山中秋雅集。

2021 年　辛丑

二月，立《梅园记》碑。王琪撰，王一良书。

三月，悬挂天津美术学院教授霍春阳题“映雪堂”匾。

六月，梅园挂匾，门鸿斌题匾名，张泽中书、王君玲撰“借君梅影三分趣；赐我禅心一阕诗”楹联。同日，在杏园挂天水市书法家协会原主席周宇春书“春晓亭”匾，张平书、王正威撰“凭槛裁云，品题三月杏花雨；临虚悟道，吐纳四时清渭风”楹联。

八月，梅园《香雪亭》竣工。原天水市政协主席王志荣题匾名。

九月，种植牡丹园。著名书法家薛虎峻题园名。

同月，山神土地庙殿顶翻修完工。

2022 年　壬寅

二月，立《杏园记》碑。牛勃撰，黄想成书。

三月，立《牡丹园记》碑。王存录撰，姚昌书。

四月，翻修大殿、后殿、卷棚、南北殿、财神殿、马三将军殿、罚恶厅及赏善厅等殿顶，历时六个月。

九月，开建凌虚台于东岳殿北侧，历时三个月竣工。

2023 年　癸卯

正月初三，举行凌虚台落成剪彩仪式。甘肃省著名学者、书画家林经文书写台名。

九月，杏园步道及承斋亭竣工。

东岳庙庙门　王天乐摄

《天门春晓》 张泽中画

后记

甘谷历史悠久，文化积淀深厚，宗教文化是甘谷文化的重要组成部分。伏羌县（甘谷县）报恩寺创建于宋嘉祐八年（1063 年），明清时期曾为僧会司驻所，僧官掌束一县僧务。自明清至民国报恩寺一直是甘谷佛教文化中心。东岳庙始创年代无证可考，最早记载见于明万历十九年（1591 年）杨恩残本十卷。因其雄踞于邑南主峰天门山之巅，故地位显赫，在当地影响极大。每逢春月，天门山芳草萋芊，山花绚烂，红杏争妍，素有“天门春晓”之美誉，为邑八景之首，尤以三月廿八日庙会为盛，游人陟峰揽胜、追陪雅集者，络绎不绝。其山灵秀，其史绵长，蕴含一县之文脉。有鉴于此，编辑《伏羌报恩寺东岳庙志略》显得很有必要也极其重要。

习近平总书记在 2013 年 12 月 30 日中共中央政治局第十二次集体学习时指出：“要系统梳理传统文化资源，让收藏在禁宫里的文物、陈列在广阔大地上的遗产、书写在古籍里的文字都活起来。”保护和发掘传统文化遗产，不遗余力地继绝存真、传本扬学，其功德将泽被千秋。本寺除编辑出版《伏羌报恩寺东岳庙志略》外，今后还要继续挖掘甘谷佛教传统文化，编辑各类文化书籍列入“天门山文化系列丛书”出版。

在编辑本书的过程中，作者张梓林先生不辞辛苦，翻阅了大量文献资料，如《甘肃通志》《巩昌府志》《伏羌县志》（叶、巩、周、侯）等各类专著25部以及各类佛教典籍，并采访见证者十多人，历时三载，几易其稿，终于成帙。他坚持以史料为准，在寺庙创建年代和历史事件上不主观臆断、不人云亦云的治学态度最为我赞赏。甘肃省书法家协会副主席秦理斌先生为本书慨然题写书名；西北师范大学范三畏教授、漆子扬教授分别慨然作序；甘谷县图书馆、甘谷县档案馆为查阅资料提供方便；提供宝贵意见者有王存录先生、张驰先生、王琪先生、黄晨光先生、陈贵先生；参与审阅者有杨尚宏先生、杨君珍先生；热心赞助者有惟醒居士、李小成先生；提供资料者有巩作义先生、王晓春先生、刘贤清先生、马应林先生；参与古籍整理者有黄觉群先生；参与现代匾额整理者有张胜明先生；参与人物抄录、大事记整理者有杨宏凯先生；参与摄影者有王建强先生、颉兵峰先生；为书籍出版而热心奔走联络者有席国平先生、冉英女士；张祺先生在排版设计上勤勤恳恳，不遗余力。最后，还要感谢中国文史出版社，特别是责任编辑李晓薇女士，为本书的出版付出了艰辛的劳动。还有许多无私奉献者，恕不一一列举。在此，对以上单位和个人以及其他给予关心帮助的社会各界人士一并表示衷心的感谢！

由于能力、资料、时间有限，《志略》错误遗漏在所难免，敬请方家和读者批评指正，以便将来修订完善。

普　融

2024年3月

图

录

报恩寺山门　陈清宁摄

牡丹园　姚昌摄

报恩寺大雄宝殿　陈清宁摄

泰山庙大殿　陈清宁摄

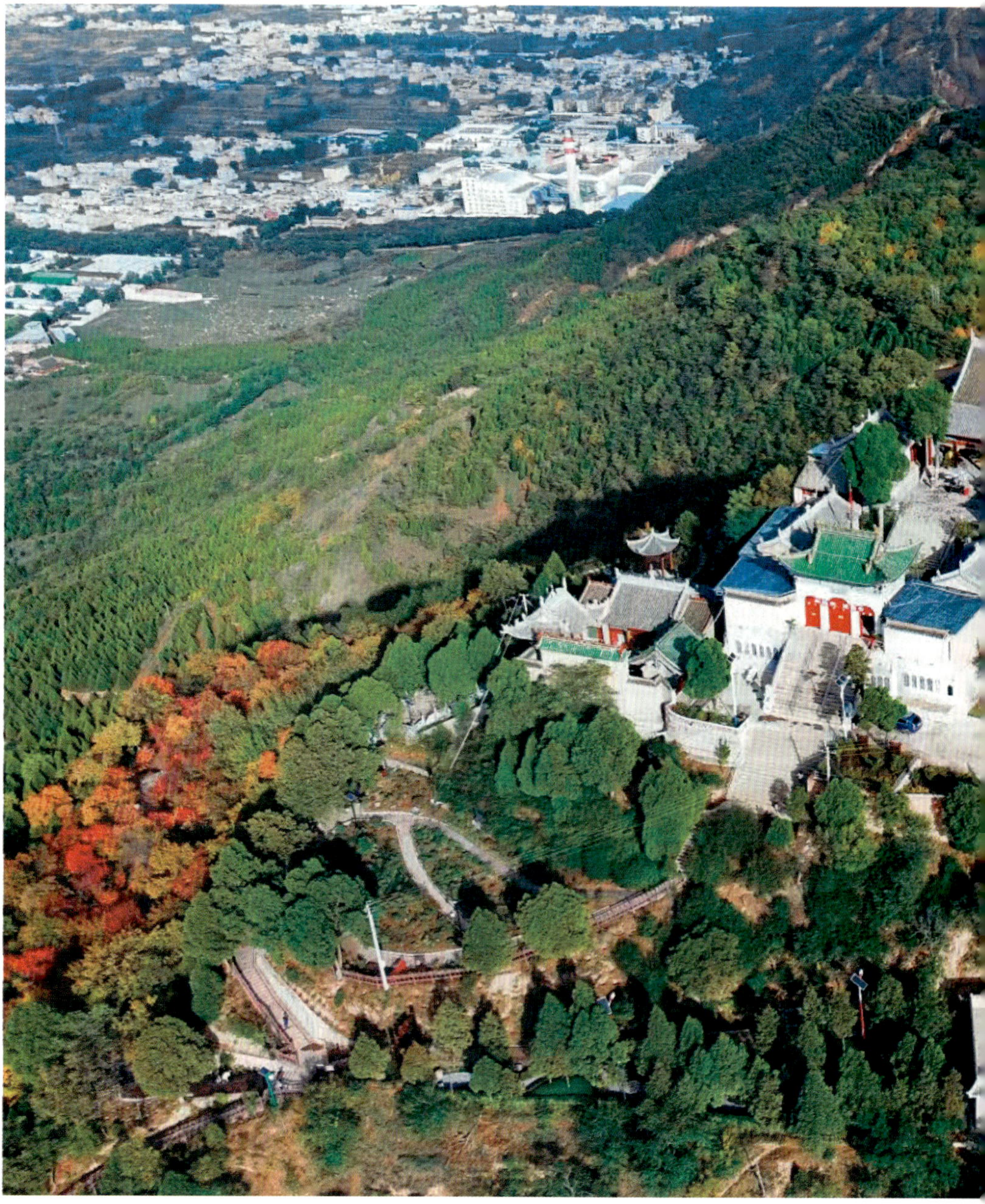

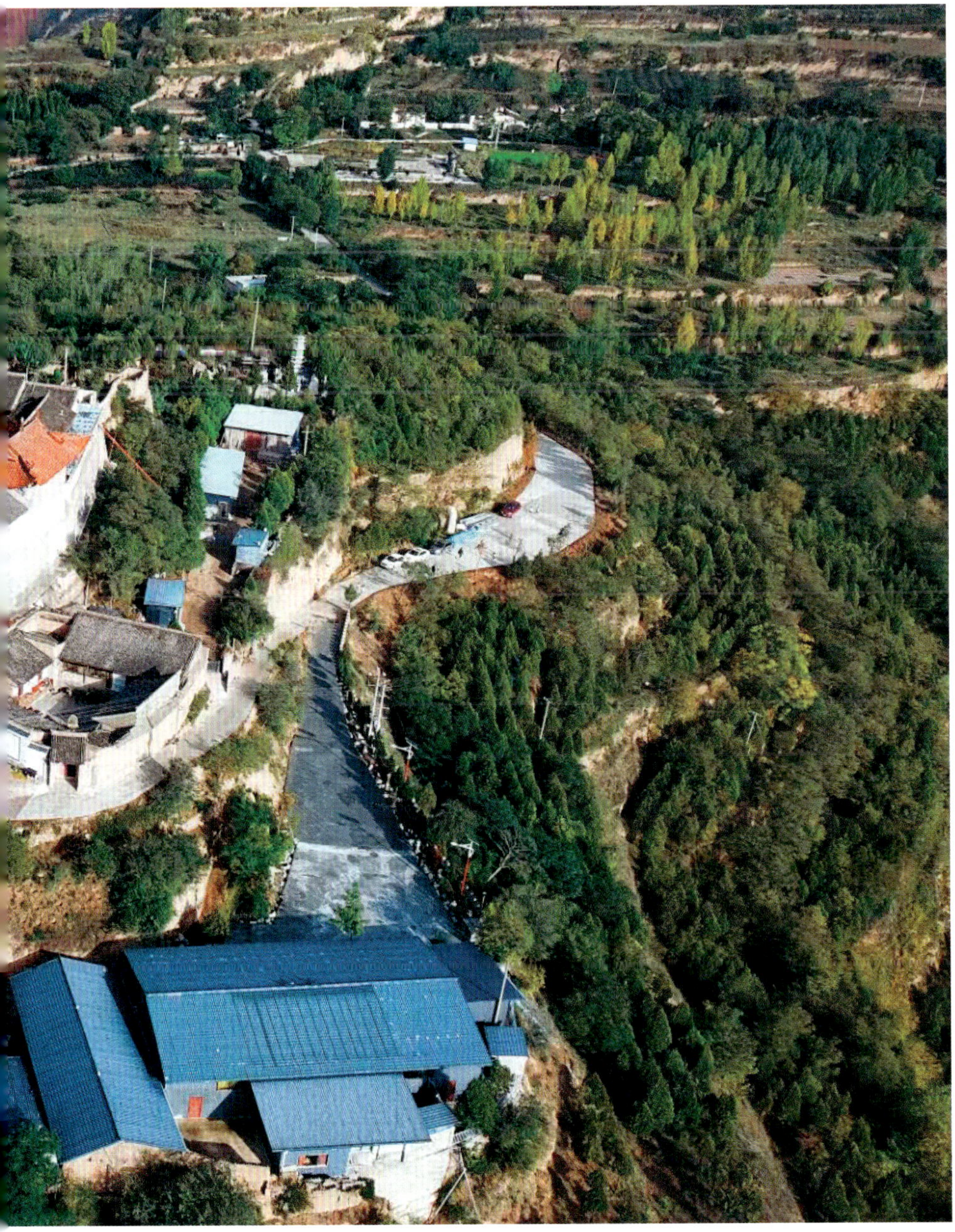

鸟瞰天门　刘亮摄

凌虚台　姚昌摄

山神土地庙　王绪生摄

访梅山房　陈清宁摄

天门山梅园　陈清宁摄

杏园初夏　王天乐摄

映雪堂　王绪生摄

东岳庙古牡丹　王天乐摄

报恩寺　王天乐摄

天门春晓（歌曲）

作词：王存录　　作曲：余文强

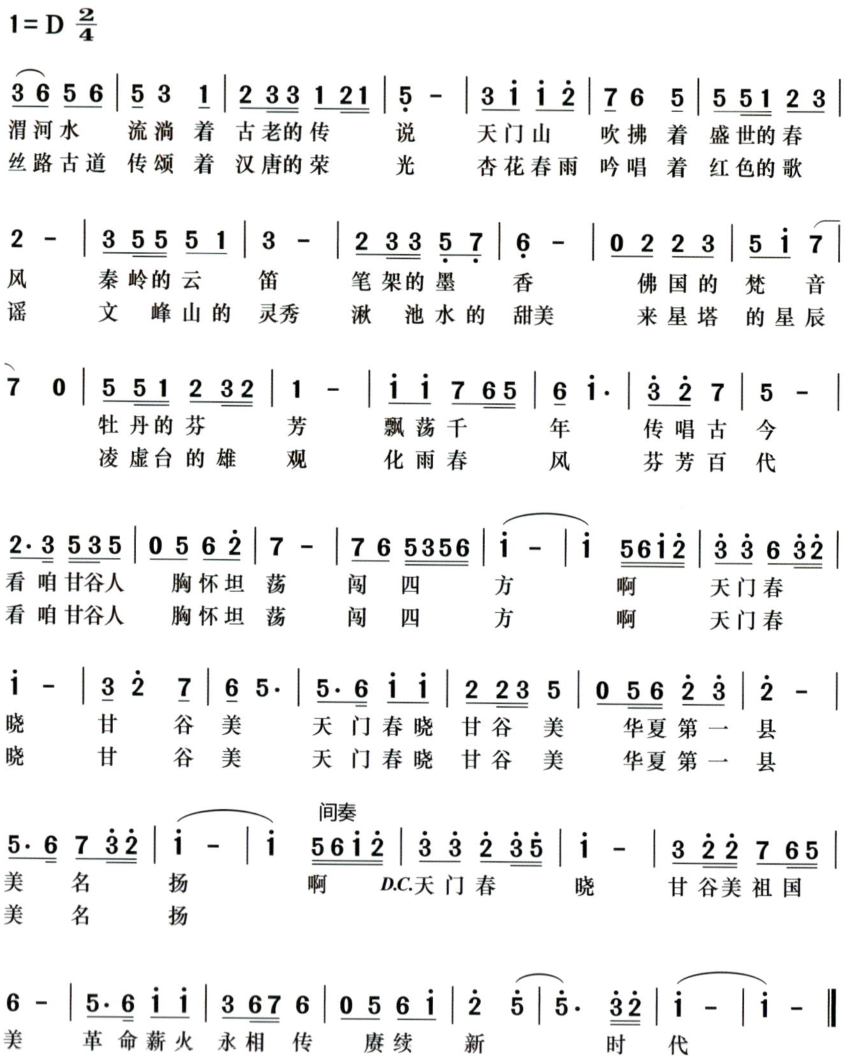

渭河水 流淌 着 古老的传 说 天门山 吹拂 着 盛世的春
丝路古道 传颂 着 汉唐的荣 光 杏花春雨 吟唱 着 红色的歌
风 秦岭的云 笛 笔架的墨 香 佛国的梵 音
谣 文 峰山的 灵秀 湫 池水的 甜美 来星塔 的星辰
牡丹的芬 芳 飘荡千 年 传唱古 今
凌虚台的雄 观 化雨春 风 芬芳百 代
看咱甘谷人 胸怀坦 荡 闯 四 方 啊 天门春
看咱甘谷人 胸怀坦 荡 闯 四 方 啊 天门春
晓 甘 谷 美 天门春晓 甘谷 美 华夏第一 县
晓 甘 谷 美 天门春晓 甘谷 美 华夏第一 县

美 名 扬 啊 D.C.天门春 晓 甘谷美祖国
美 名 扬
美 革命薪火 永相 传 赓续 新 时 代

扫码聆听歌曲 MV